KB165421

CODE READING

상대의 **속마음**을 꿰뚫는

코드리딩

I KNOW WHAT YOU ' RE THINKING
Copyright © 2002 by Lillian Glass
All rights reserved

Korean translation copyrights © 2003 by Big Tree Publishing Co.
Korean translation rights arranged with Jane Dystel Agency
through Eric Yang Agency, Seoul.

이 책의 한국어판 저작권은 에릭양 에이전시를 통한
Jane Dystel Agency 사와의 독점 계약으로 큰나무에 있습니다.
저작권법에 의해 한국 내에서 보호를 받는 저작물이므로
무단전재와 무단복제를 금합니다.

CODE READING

상대의 **속마음을** 꿰뚫는

코드리딩

릴리안 글래스 **지음** 이은희 **옮김**

큰나무

좋은 관찰자가 되기 위하여

제일 먼저 사랑하는 어머니께 감사의 말씀을 전해 드리고 싶다. 어머니는 외모만큼이나 마음도 고우셨고, 좋은 관찰자가 될 수 있도록 언제나 나를 이끌어 주셨다. 늘 그랬듯이 어머니는 이 책을 쓰는 동안 내내 용기를 북돋워 주셨고, 원고가 책으로 나올 수 있도록 힘써 주셨다.

그리고 빼놓을 수 없는 나의 친구 램비어에게도 감사의 마음을 전해야겠다. 그는 자주 나를 찾아와 웃음을 선사했고, 동물들의 대화법과 동물들이 서로를 이해하는 법을 알려 주었다.

이미 고인이 되었지만 폴 칸타루포도 빠질 수 없다. 제일 친한 친구였던 그는 내가 상담심리학 박사학위를 받는 데 많은 도움을 주었다. 내 재능을 인정하고 형언할 수 없는 도움과 지혜를 나누어 주었으며, 오랫동안 이 재미 있는 주제에 대해 함께 토론하곤 했다. 난 이 친구와의 우정을 영원히 잊을 수 없을 것 같다.

지금까지 만났던 좋은 사람들, 내게 감동을 주고 끝까지 나를 믿어 주었던 그 모든 이들에게 진심으로 감사드린다. 그들의 도움과 말 한 마디 한 마디 가 내게 얼마나 소중했는지는 이루 다 표현할 수 없다.

릴리안 글래스

상대방의 생각을 읽어 내는 것도 자기 경영이다

어릴 적부터 나는 평생 업이 될 것을 준비하고 있었다. 그것은 언어와 음성의 특징분석이었다. 언어와 음성의 특징을 분석해 보면, 상대방의 정신건강을 정확하게 파악할 수가 있다. 말의 빠르기, 음색, 어투, 크기, 특징, 귀에 거슬리는 정도, 말의 많고 적음 등등 이 모든 것이 사람들의 감정상태, 나아가 성격을 판단할 수 있는 척도가 되는 것이다.

데스몬드 모리스를 비롯한 여러 인류학자들의 연구를 보면, 사람을 정확하게 읽기 위해서는 반드시 표정을 읽을 수 있어야 한다고 쓰고 있다. 표정을 이해하면 사람들의 행동과 의사소통을 더 많이 해석할 수 있고, 몸짓언어 및 행동과 관련된 책을 보면 상대방의 대화 태도와 말을 해석하는 데 필요한 새로운 방법을 배울 수 있게 된다고 말하고 있다.

어떤 사람을 언어, 음성, 표정, 몸짓의 4가지 측면에서 오랫동안 지속적으로 분석해 보면, 어떤 성격이 자신에게 가장 잘 어울리는지, 최소한 어떤 성격이 자신에게 적합한지를 알 수 있다. 또한 이러한 의사소통의 4가지를 통해 사람들의 진짜 모습을 관찰함으로써 자기 자신을 좀 더 제대로 파악할 수 있고, 성공적인 삶과 인생의 질을 높이기 위해 가까이 지내야 할 사람과 그렇지 않은 사람을 판단할 수 있을 것이다.

이 책은 내가 20여 년 동안 수천 명의 상담자에게 의사소통 기술을 익힐 수 있도록 도와주는 과정에서 수집하고 관찰한 결과를 바탕으로 만들어졌다. 상담자들이 걸어온 인생과 연령층은 실로 다양했다. 심리적·정서적 문제가 있는 사람도 있었고, 다재다능하면서 정신이 건강한 사람도 있었다. 운

동선수, 의사, 치료사, 주부, 사업가, 변호사, 정치가도 있었다. 연예인 중에서는 더스틴 호프만, 훌리오 이글레시아스, 앤디 가르시아, 니콜라스 케이지, 숀 펜, 키아누 리브스, 르네 루소, 멜라니 그리피스, 말리 매틀린 등이 상담을 받았다.

상담자들은 효율적으로 대화하는 법, 프레젠테이션을 하는 법, 목소리를 좋게 바꾸고 나쁜 언어습관을 고치는 법, 사투리를 고치고 자신감을 높이는 법 등을 배웠다. 결국 그들은 사업할 때나 친구를 사귈 때 좋은 대화 상대자뿐만 아니라 인간경영에 있어서도 탁월한 실력자가 되었다.

상담을 시작할 때 나는 상대방의 표정과 몸짓, 자세를 관찰했다. 그러면서 이러한 음성, 언어, 표정, 몸짓언어들의 조합이 특정한 성격 유형과 일치한다는 것을 알아냈다. 그리고 선명하게 드러나는 일정한 패턴을 통해 마침내 14가지 성격 유형을 구분할 수 있었다.

상담자들의 겉모습을 살펴봄으로써 그들의 내면을 꿰뚫어 볼 수 있었고, 왜 분노를 하게 되었는지를 말하지 않았는데도 그들의 느낌과 괴로워하는 이유를 파악할 수 있었다.

그것은 겉으로 드러난 행동과 말을 분석해 그들의 성격과 내면의 심리상태를 정확하게 판단할 수 있었기 때문이다. 사람의 말과 어투가 진실을 드러내는 것처럼, 몸짓과 표정은 거짓말을 하지 않는다. 내 이야기에 귀를 기울이는 모습과 서 있는 자세, 나를 바라보는 눈길만으로도 상담자의 심리상태를 정확하게 알 수 있다.

나를 찾아온 사람들은 상담 중에 드러나는 사실에 무척 놀라워한다. 48살의 성공한 사업가 댄은 어릴 적 아버지로부터 폭행당하지 않았느냐는 내 질문에 소스라치듯 놀랐다. 댄은 아무에게도 털어놓지 않았던 그 비밀을 어떻게 알아냈느냐며 의아해 했다. 이러한 사실 또한 댄이 보여주는 행동 하나하나에서 알 수 있었다. 댄은 아버지 얘기가 나올 때마다 얼굴표정이 굳어졌고, 목소리는 떨렸으며, 몸짓에서는 미동이 보였다. 이런 육체의 변화에서 나는 폭행 사실을 눈치챌 수 있었다. 이렇게 겉으로 나타난 댄의 행동을 자세히 관찰함으로써 그의 내면을 알 수 있었던 것이다.

나는 이 관찰법을 통해 사람의 성격을 파악하고 앞으로의 일도 예측할 수 있었고 상담자의 행동을 고치기 위해 적절한 조치도 취할 수 있었다. 이로 인해 상담자들은 아무리 힘든 상황이 닥쳐도 당황하지 않고 침착하게 대처할 수 있게 되었다.

37살의 식당매니저였던 테드는 끊임없이 웅얼거리면서 말끝을 흐리는 경향이 있었다. 190cm의 건장한 체구와 어울리지 않게 그의 목소리는 톤이 높았고 질문할 때는 발끝을 내려다보았다. 가족에 대해 물어보자, 테드는 시선을 피하면서 고개를 숙인 채 들릴 듯 말 듯한 목소리로 웅얼거렸다.

그런 그에게 아이들을 본 지 얼마나 되었느냐고 물어보았더니 내 질문이 끝나기도 전에 그는 갑자기 눈물을 흘리면서 아이들과 소식이 끊긴 지 벌써 몇 년이 지났다고 했다. 나는 제일 먼저 심부름센터를 통해 아이들을 수소문해 보라고 말했다. 테드가 사람들과 제대로 대화할 수 없었던 근본적인 이유는 바로 아이들이었다. 테드는 책임감 있는 사람처럼 말하고 행동할 필요가 있었다.

테드의 어투와 몸짓은 불안감과 낮은 자신감, 그리고 아이들을 버렸다는 것에 대한 죄책감을 나타내고 있었다. 결국 테드는 나의 충고를 받아들여 심

7

부름센터를 통해 아이들을 찾았고, 그 후에 돈독한 관계를 회복했다.

사랑하는 아이들과 재결합하자마자, 테드의 목소리는 적당한 톤에 또렷해졌고 맑게 울렸다. 더 이상 말끝을 흐리지 않았다. 말을 할 때 고개를 숙이지도 않았다는 것은 말할 필요도 없다.

나는 무명배우들의 언어, 음성, 표정과 몸짓언어를 바탕으로 성공 가능성을 감지해 그들이 스타덤에 오를 수 있도록 용기를 주기도 했다. 그중 한 사람이 바로 앤디 가르시아였다.

그가 내 사무실에 발을 들여놓은 그 순간, 나는 그가 머지않아 대스타가 되리라는 것을 알 수 있었다. 가르시아는 자신 있게 걸었고, 적당히 힘을 주어 악수했으며, 얘기할 때는 눈을 마주쳤다. 그는 균형 잡혀 있었고 화려한 언변을 자랑하면서, 섬세하고 집중력이 있었다. 할리우드에서 흔히들 말하는 것처럼, 앤디 가르시아는 '그것'을 갖고 있었다. '그것'이란 어떤 사람이 말할 때 '그에게 시선을 주고 싶게 하는 매력'을 말한다.

표정과 몸짓언어도 마찬가지다. '그것'은 일종의 문을 여는 장치와 같다. 사람들이 자기 자신을 드러내는 방법이자 자기 존재를 느끼는 방법이기 때문이다. 이 책 전반에 걸쳐, 나는 '그것'을 가진 사람들이 세상을 어떻게 읽는지 보여줄 것이다.

몇 년 전, 「뉴스위크」지가 내게 티나 터너, 헬렌 헌트, 샤론 스톤이 비슷한 포즈를 취한 잡지표지를 보여 주면서 어떤 말을 하려 하느냐고 물었다. 이 여성들은 모두 손을 엉덩이에 올린 채 팔을 벌리고 있었지만, 사진을 통해 그들이 보여준 메시지는 사뭇 달랐다. 샤론 스톤은 "난 섹시해요. 어서 날 가져요."라고 외치는 반면, 헬렌 헌트는 "날 봐요, 난 여러분과 똑같은 사람이에요."라는 편안한 메시지를 보내고 있었고, 티나 터너는 여성의 힘을 과시하고 있었다.

「레드북」에 기고한 어떤 글에서는 여러 스타 부부의 사진을 보고 그들 관계에 대해 이야기했다. 그중 톰 행크스와 아내 리타 윌슨의 사진이 있었다. 둘은 서로를 애정 어린 눈빛으로 바라보면서 진심으로 행복해 했다. 서로에게 몸을 기댄 이들은 진정한 부부처럼 보였고, 실제로 그랬다. 그들은 서로의 존재를 감사히 여기고 있었으며, 15년 가까운 결혼생활이 그 사실을 증명하고 있다.

〈코드 리딩〉은 누구나 진실을 파악할 수 있음을 보여줄 것이다. 진실은 특별한 사람이나 심령술사, 혹은 직관력이 뛰어난 사람만 알 수 있는 것이 아니다. 누구나 진실을 알 수 있다. 바로 이런 상대방에 대한 진실 알기가 직장 상사와 부하 직원 간에, 세일즈맨과 고객 간에 더없이 필요한 것이다.

다른 사람을, 나아가 자기 자신을 얼마나 정확히 읽는지는 당신에게 달려 있다. 앞으로 의사소통의 4가지 코드, 즉 언어, 음성, 표정, 몸짓언어 코드를 해석하는 방법을 알게 될 것이다. 그리고 사람들을 정확히 해석하기 위한 연습을 하게 될 것이다. 그다음이 모든 코드가 구체적인 성격 유형과 어떻게 연관되는지 살펴보고, 자신에게 좋은 영향과 나쁜 영향을 미칠 사람을 쉽게 판단할 수 있게 될 것이다.

이 책은 말 그대로 당신의 인생을 바꿔 줄 것이다. 당신도 내 상담자들이 그랬던 것처럼 이 책을 통해 세상을 좀 더 정확히 인식하고 안정된 자세로 다른 사람을 오판하는 일이 줄어들 것이다.

CODE
READING

PART

1

상대방을 읽는 법

1 상대방 생각을 읽는 매혹의 테크닉
2 상대방 생각 읽기 실전 심리학
3 상대방을 온몸으로 읽는 법

우리는 원인 모를 허탈감과 상대방이 자신에게 해로울 수도

있다는 속삭임을 믿지 않는다. 더군다나 느낌에 따른 결정은 아주 짧은

시간에 이루어지지 않으면 아무 소용이 없기 때문에 문제는 더욱

복잡해진다. 이로 인해 사람들이 잘못된 사람을 선택하고, 잘못된 인간

관계에 얽히며, 잘못된 동업자를 구하는 똑같은 실수를 반복한다.

상대방 생각을 읽는
매혹의 테크닉

I Know What You're Thinking

우리는 누구나 상대방의 진실을 간파하고 주위 상황과 세상을 이해할 수 있는 능력을 타고난다. 상대방을 한눈에 읽는 사람이 있는가 하면, 새로운 방법을 모색해야 할 사람도 있다. 모두가 세상을 똑같이 읽을 수 있는 것은 아니기 때문이다.

- 그 직원, 너무 못마땅해요!
- 난 사장이 너무 싫어요!
- 믿을 만한 사람인 것 같았어요!
- 난 왜 이렇게 배짱이 없을까요?
- 그놈은 순전히 거짓말쟁이예요!
- 그 사람이 좋은 사람이라는 것을 첫눈에 알았어요!
- 그 직원이 언젠가는 큰 일 낼 줄 알았어요!

- 그 고객, 돈을 안 갚을 줄 알았어요!
- 다 내 잘못이에요! 왜 직감을 안 믿었을까요?

뚜렷하게 의식하지는 못하지만, 사실 우리는 회사에서 일상에서 매일 상대방을 읽고 있다. 상대방이 자신에게 좋은 사람인지 아닌지, 정직한지 거짓된지, 친하게 지내도 될 만한 사람인지 아닌지를 판단한다. 본질적으로 옳고 그른 것을 알고 있으며, 누구나 자연스럽게 직장동료, 친구 등 다른 사람을 읽고 있다. 문제는 대부분의 사람들이 그 느낌을 해석하지 못하고, 정보 활용을 제대로 못 한다는 데 있다. 이 장에서는 구체적인 사례를 통해 사람들을 읽는 것이 인생에 어떤 영향을 미치는지를 보여 줄 것이다.

❖ 마음의 소리를 들어라

잘못된 직원을 선택해서 막대한 돈과 시간을 낭비한 적이 있는가? 그 대표적인 예가 공사비가 얼마 안 들 것이라고 말하고는 시간만 끌다가 나중에서야 바가지를 씌우는 하청업자나 화려한 이력서를 자랑했는데 알고 보니 불성실하고 무책임한 부하직원 등이 있었을 것이다. 겉과 속이 다른 사람 때문에 감정적으로나 금전적으로 배신감을 당해 본 경험은 누구에게나 있을 것이다.

어떤 사람의 말이나 말투, 표정, 몸짓을 통해 어떤 관계를 맺을지 정확하게 예측할 수 있다면 얼마나 좋을까? 그 사람이 소극적인지

적극적인지, 혹은 당신을 믿는다는 그 사람의 말이 진심인지 아닌지를 알 수 있다면 얼마나 좋겠는가?

"오늘 즐거웠습니다. 다음에 또 뵙지요."라는 고객의 말에 마음을 졸이면서 전화가 울리기만을 기다리기보다는, 그 말이 진심인지 아닌지를 알 수 있다면 좋지 않을까? 다른 사람이 거짓말을 하는지 아닌지를 알 수 있다면 우리는 인생에 있어서 소비되는 돈과 시간을 줄일 수 있을 것이다.

왜 내면의 목소리를 무시하는가? 왜 상대방이 무수히 내보내는 그 신호를 포착하려 하지 않는가? 왜 조심하라는 마음의 소리를 듣지 않는가? 그것은 자신이 듣고 느끼는 게 사실이라고 믿지 않기 때문이다. 하지만 잊지 말라. 몸동작을 통해 보여 주는 것은 모두 진실이라는 것을.

우리는 원인 모를 허탈감과 상대방이 자신에게 해로울 수도 있다는 속삭임을 믿지 않는다. 더군다나 느낌에 따른 결정은 아주 짧은 시간에 이루어지지 않으면 아무 소용이 없기 때문에 문제는 더욱 복잡해진다. 이로 인해 사람들이 잘못된 사람을 선택하고, 잘못된 인간관계에 얽히며, 잘못된 동업자를 구하는 똑같은 실수를 반복한다.

✚ 보고 듣는 것이 곧 진실이다

사기꾼, 살인범, 강간범 등의 각종 범죄자들이 자신이 범인이라는 간판을 걸고 다니지는 않지만, 피해자들은 대부분 범죄자들의 행동이 남달랐다고 말한다. 그 신호가 몸짓이든, 미래의 피해자를 바라보는 눈빛이든, 혹은 어투든 간에 무언가 위험하다는 느낌이 확실히 있었다는 것이다. 그 느낌에 귀를 기울이고 반응하면, 자신과 사랑하는 사람들의 목숨을 구할 수 있다.

1. 끔찍한 면접

46세의 활달한 수다쟁이 니나는 중요한 면접을 망쳤다며 눈물을 흘렸다. "왜 그랬는지 모르겠어요. 면접을 하는 동안 전 벙어리 같았답니다. 정말 말 한마디 할 수가 없었어요. 그런 일은 정말 처음이었어요. 질문에 대답하기는커녕 이름도 제대로 말하지 못했어요. 머릿속이 하얘져서 아무 생각도 안 나는 거예요. 얼마나 말을 더듬거렸는지. 창피해서 죽는 줄 알았어요. 당연히 면접은 금방 끝났고, 전 떨어졌어요."

니나의 자세한 이야기를 듣고 우리는 니나가 긴장하지 않을 수 없었음을 알게 되었다. 면접관이 그녀를 그렇게 만들었던 것이다! 니나가 면접실에 들어간 순간부터 면접관은 그녀를 무시했다. 통화 중이던 그는 전화를 끊을 때까지 니나를 마냥 세워 두었던 것이다.

면접관은 니나와 눈을 맞추지도 않았고, 인사를 하지도 자리를 권하지도 않았다. 니나가 말을 꺼내려 했을 때도 무시했다. 그러다 느닷없이 면접에 두 사람이 더 참석할 것이라고 말했다. 니나의 불안감은 더욱 커졌다. 니나가 수차례 이력서를 보냈는데도, 면접관은 그녀의 경력에 대해 아는 것이 없었다. 그러다 니나가 좋은 아이디어 두 개를 준비해 왔다고 하자, 면접관은 그녀를 쳐다보지도 않은 채 무뚝뚝하고 쌀쌀맞은 목소리로 "하나만 말해 보시오."라고 대답했다.

니나는 당연히 긴장할 수밖에 없었다. 성대까지 뻣뻣하게 굳었기 때문에 한마디도 할 수 없었다. 질 수밖에 없는 게임이었다. 니나의 마음은 그것을 알고 있었고 자연히 몸도 거기에 반응했다. 이유야 어찌됐든, 불합격이 확실한 마당에 괜히 힘들어 할 이유가 무엇이겠는가? 니나가 아무 말도 못 했던 이유를 설명하자, 그녀는 울음을 멈추고 웃음을 터뜨렸다. "제 몸이 입 다물고 그 무례한 녀석과 상대하지 말라고 말해 줬던 거군요."

바로 그렇다!

2. 사업상의 실수

직원을 잘못 고용하면, 그를 대체하는 데 드는 비용은 평균 그 사람 연봉의 2.5배라고 한다. 즉, 연봉 3천만 원인 직원을 대체하는 데 무려 7천5백만 원의 비용이 소요된다는 얘기다. 물론 감정적인 비용은 빼고 말이다.

마크는 친구 가브리엘로부터 테레사를 추천받았다. 가브리엘은 테레사가 일을 잘할 뿐 아니라 앞으로 회사의 가장 큰 자산이 될 거라고 말했다. 하지만 마크는 시비 거는 듯한 테레사의 말투가 마음에 걸렸다. 그녀가 썩 마음에 들지 않았기에 마크는 서둘러 면접을 끝냈다. 테레사가 돌아가자 마음이 편해지는 것 같았다. 마크는 나중에 가브리엘에게 물었다. "테레사의 말투는 항상 저렇게 공격적인가?"

가브리엘은 웃으면서 "테레사는 일을 잘해."라는 말만 했다. 그 말을 들은 마크는 테레사에게 전화를 걸어 다음 날부터 출근하라고 했다. 하지만 머지않아 이 결정이 마크의 경력상 가장 큰 실수였음이 드러났다. 테레사는 적개심이 많고 무례할 뿐 아니라, 무슨 일을 시킬 때마다 토를 달았다. 동료들과도 사이가 나빠 부서의 사기를 떨어뜨렸다. 사람들의 신경은 날카로워졌고, 그녀에 대한 불만을 토로했다. 거래처도 테레사의 무례한 태도 때문에 회사를 외면했고 결국 매상이 떨어졌다.

마크는 처음 만났을 때 테레사에게서 느꼈던 감정에 주의를 기울이지 않았다. 테레사의 고용으로 인해 결국 이 회사는 금전적 손실을 입게 되었고, 거래처와의 관계도 회복되기 어려운 지경에 놓이게 되었다. 직원들의 사기와 평판이 떨어진 것은 말할 필요도 없다.

3. 부당한 소송

존스는 골칫거리 직원 패티 때문에 경제적으로나 감정적으로 배신당할 수 있다는 걸 어렴풋이 느낄 수 있었다. 그러나 그녀의 귀엽고 매력적인 외모와 아름다운 미소 때문에 그는 그녀의 말과 말투에 제대로 귀를 기울일 수 없었다. 불행히 존스는 패티의 진실을 무시했다.

그녀는 끊임없이 재잘댔을 뿐 아니라 심한 자기도취에 빠져 있었다. 항상 자기가 화제의 중심이어야 했고, 한때 자신의 예쁜 얼굴을 질투한 직장동료나 상사들 때문에 무척 고생했다는 똑같은 이야기를 늘 반복했다.

존스는 패티의 매력적인 미소와 교태에 넘어갈 수밖에 없었다. 하지만 조금만 자세히 관찰했더라면, 패티는 유능한 직원이 아니라 상담의사를 찾아야 할 사람임을 깨달았을 것이다. 이런 식으로 직장 동료들을 유혹하던 그녀가 존스에게 돌려준 결과는 참담했다. 회사를 상대로 성희롱 소송을 걸었던 것이다. 존스는 쓰라린 경험을 하고 난 뒤에야 비로소 보고 듣는 것이 곧 진실이라는 것을 알게 되었다.

4. 직감 살리기

스무 살의 린다는 학교 기숙사를 나서던 중, 자신에게 다가오는 젊은 남자를 보자마자 알 수 없는 불안감을 느꼈다. 그녀는 시간을 묻는 남자를 무시하고 서둘러 도서관으로 달려갔다. 뚜렷한 이유는 알 수 없었지만, 본능적으로 위험을 느꼈던 것이다. 도서관을 나설 때에도 불안했던 린다는 친구 세 명에게 기숙사까지 같이 가 달라고 부탁했다.

린다는 본능에 귀를 기울인 덕분에 자신의 목숨을 구할 수 있었다. 다음 날 아침, 린다는 그 남자의 사진을 신문에서 보았다. 지난 밤 체포될 때까지 그가 여러 여학생들을 강간했다는 기사가 실려 있었던 것이다.

5. 사기꾼 읽기

32살의 교사 보니는 키가 크고 잘생긴 38살의 전기기술자 데번을 만났다. 데번은 동화 속의 왕자님처럼 낭만적이었다. 보니는 데이트 비용을 모두 자신이 부담했지만 크게 개의치 않았다. 곧 캐나다에서 월급이 송금될 것이라는 데번의 말 때문이었다. 하지만 곧 도착한다던 월급은 몇 주, 몇 달이 지나도 감감무소식이었다.

둘은 늘 주중에 만났다. 일의 성격상 데번은 주말에도 출근해야 한다고 했다. 보니는 그의 직장에 전화할 수가 없었다. 그러면 해고당할지도 모른다는 그의 말 때문이었다. 보니는 그의 휴대전화 번호밖에 몰랐다. 그리고 데번은 집이 공사 중이니 완공될 때까지는 참으라면서, 나중에 궁전같이 큰 그 집에서 함께 살자고 했다.

데번에게 푹 빠져 있던 보니는 변명을 늘어놓을 때 가늘게 떨리는 그의 눈꺼풀과 깜빡이는 눈, 자꾸만 피하는 시선, 들썩거리는 어깨를 보지 못했다. 그리고 자세한 얘기를 물을 때마다, "저기.", "음."을 연발하는 말투나 흐리는 말끝을 듣지 못했다.

이 불한당은 잠시 갖고 놀 여자를 찾은 유부남이었다. 그는 보니의 돈과 몸, 마음을 이용했다.

내면의 목소리에 귀를 기울여라

1. 첫눈에 거부감을 주는 비즈니스 파트너

38살의 인사부 부장이던 제니퍼는 경쟁사에서 일하는 한 남자를 스카우트하기 위해 만났다. 그런데 그녀는 어딘지 모르게 그 남자가 불편하고 싫었다. 그가 어떤 제스처를 취할 때마다 제니퍼는 무의식적으로 몸을 뒤로 빼는 식으로 거부를 했다.

그 남자는 쉴 새 없이 사적인 얘기를 늘어놓았다. 만남의 이유를 망각해 버린 듯한 그는 심지어 식사가 맛없다고 투덜거리더니 웨이터를 불러 꾸짖기까지 했다.

제니퍼는 그 두 시간 동안 고문을 당한 것 같았다. 어찌나 이를 앙다물고 있었던지 턱이 아플 지경이었다. 목과 어깨가 뻣뻣하게 굳고, 머리는 깨질 듯이 아팠다. 사무실로 돌아가는 길에는 119에 전화라도 걸고 싶은 심정이었다. 결국 그녀는 스카우트 제의를 포기했고, 다른 사람을 선택하기로 결정했다.

이렇게 상대방에 대해서 강한 느낌을 받았을 때, 많은 사람들이 그 이유를 생각해 보지 않는다. 그로 인해 상대방을 객관적으로 알려 주는 단서를 포착하지 못하는 경우가 종종 발생한다. 제니퍼의 경우는 자기가 느낀 감정을 인정했기 때문에 후에 발생할 사건을 막을 수가 있었다. 사람의 목소리, 말, 얼굴, 그리고 몸짓만으로도 충분히 그 사람을 읽을 수 있다는 것을 잊지 말자.

2. 첫눈에 찾아낸 인생 파트너

　성공한 사업가 스티븐과 비슷한 경험이 있는지 모르겠다. 그는 어느 날 칵테일파티에 초대받았다. 기대하던 즐거운 모임이었지만, 종일 업무에 시달렸는지라 집으로 돌아가고만 싶은 심정이었다. 아는 사람이 있나 주위를 둘러보고 있을 때, 그의 인생을 뒤바꿀 만한 일이 벌어졌다.

　홀 건너편의 매력적인 여인이 스티븐의 눈에 들어왔다. 그는 무언가에 홀린 듯 그녀에게 다가갔다. 스티븐은 그녀에게 자기소개를 하고 재미있는 농담과 칭찬으로 어색한 분위기를 바꾸었다. 그녀도 재치 있게 대답했다. 스티븐은 그녀의 자세와 몸짓, 목소리 등 모든 것에 호감을 느꼈다. 그는 자기도 모르게 더 가까이 다가갔고, 그녀의 얼굴을 바라보는 동안 미소를 감출 수가 없었다.

　그 순간 코앞에서 폭탄이 터졌다 해도 스티븐은 개의치 않았을 것이다. 그녀에게서 눈을 뗄 수 없었다. 그저 그녀와 함께 있고, 바라보고만 싶었다. 숨이 막힐 것 같았다. 가슴은 쿵쾅거렸고 목이 잠겨 제대로 말을 할 수도 없었다.

　영원처럼 느껴졌던 시간이 지난 후, 그는 용기를 내어 명함을 부탁했다. 신비의 여인은 흔쾌히 명함을 내주었다. 스티븐은 그녀에게 전화를 걸었고, 둘은 6개월 전까지 데이트를 했다. 결혼식을 올린 그날까지 말이다.

스티븐이 느꼈던 즐거운 끌림을 느껴 보라. 그의 첫 번째 반응, 여인에게 다가가 말을 걸고 싶다는 본능, 그녀 곁에 있을 때 일어났던 일 등을. 육체적으로도 변화가 있었다. 숨을 쉴 수조차 없었다. 얼굴은 화끈거렸고 심장은 빨리 뛰었으며 평소보다 더 많이 웃었다. 모든 것을 좀 더 자세하게 관찰하고 더욱 주의 깊게 귀를 기울였다. 자세는 한결 곧아졌고, 에너지가 샘솟았다. 그녀에 대해 혹시나 하는 생각 같은 것을 전혀 느끼지를 못했다는 것이 성공적인 만남으로 이끌어낸 것이다.

3. 주의 깊게 살펴야 할 파트너

내면의 조그만 목소리가 아니라고, 거짓말 같다고, 느낌이 안 좋다고 말한다면 그 말이 맞을 것이다. 내면의 목소리에 귀를 기울여라! 몸은 그 목소리를 알고 있으며 본능적으로 반응한다. 내면의 목소리는 진실이다.

세상에는 사기꾼, 거짓말쟁이, 바람둥이 등 자기가 원하는 것을 차지하려고 거짓말을 일삼는 나쁜 사람들이 있다. 말쑥한 옷차림에 화려한 언변을 자랑하기 때문에 겉으로는 점잖아 보일 수도 있지만 이들의 진짜 정체를 나타내는 신호가 있다. 앞으로 우리는 이러한 신호를 살펴보고 거짓말쟁이를 판별하는 방법에 대해 이야기할 것이다.

능수능란한 거짓말쟁이에게 어떻게 속지 않겠느냐고 생각할 수도 있다. 하지만 언어 코드에 귀를 기울이면, 그들은 당황하기 시작할 것이다. 그러므로 주위 환경과 주변 사람들을 완벽하게 의식하고, 언어, 음성, 표정, 몸짓 등 의사소통의 4가지 코드를 잘 보고 들어야 한다.

사람들이 무슨 말을 하는지, 그리고 그들이 말할 때 어떻게 보이고 들리는지 주의 깊게 살펴보라. 보고 듣고 싶은 것을 보고 듣지 마라. 실제로 보이고 들리는 것을 보고 들어라. 그러면 많은 시간을 절약하고, 고통을 최소화할 수 있을 것이다.

상대방 생각 읽기
실전 심리학

상대방이 자신의 비즈니스 파트너로 좋은 영향을 미칠
지 나쁜 영향을 미칠지, 그 사람이 진심으로 자신을 신뢰하는지 아
닌지를 알 수 있다면 얼마나 좋겠는가. 어떤 사람이 거짓말을 하는
지 진실을 말하는지를 파악하는 것만큼 중요한 일도 없을 것이다.

내면의 목소리나 직감은 설명할 수 없는 현상이라고 믿는 이들이
많지만 사실은 그렇지 않다. 본능은 의사소통의 4가지 코드, 즉 언
어, 음성, 표정, 몸짓에 관심을 기울일 때 일어나는 구체적이고 신
경생물학적인 현상이다. 앞으로 나는 이 책 전반에 걸쳐 이 의사소

통의 4가지 코드에 대해 자세히 설명할 것이다.

상대방을 읽는 능력은 단순한 기술이 아니라 학문이다. 이는 자신의 감각과 조화를 이룰 때 더욱 높아지는 인식능력인 것이다. 공포, 분노, 행복 등의 감정은 두뇌에서 일어나고, 두뇌는 이러한 감정을 어떻게 말과 행동으로 전달할지를 관리한다. 어떤 사람의 목소리, 어투, 자세, 표정 등은 복잡한 두뇌 회로의 산물이다.

✛ 의사소통의 4가지 코드

의사소통의 기본적인 4가지 코드는 두뇌에서 처리된다. 이 코드 중 언어와 음성 코드는 청각적으로 처리되고, 표정과 몸짓언어 코드는 시각적으로 처리된다. 이 장에서는 이 코드들을 대략 살펴보고, 2장부터 3장까지는 각 코드를 좀 더 자세하게 살펴볼 것이다.

의사소통의 코드 형태로 입수된 정보는 두뇌의 여러 부위에서 처리되지만, 결국 두뇌는 이 코드에 정서적으로 어떻게 반응할지를 판단한다. 따라서 모든 코드를 통합해 보면, 한 사람의 성격 유형을 알 수 있다.

그다음 두뇌는 한 사람의 성격 유형에 대한 정서적 판단을 근거로, 그 사람이 내게 어울리는 사람인지 아닌지를 평가하기 시작한다. 이 코드를 바탕으로, 앞으로 3장에서 이야기할 14가지 성격 유형 중 하나의 상을 뚜렷하게 그릴 수 있다. 그리고 이러한 코드를 해석하면서 음성과 언어 행동, 표정과 몸짓언어가 어떻게 겉으로 드러나는지를 이야기할 것이다.

의사소통과 관련된 기존 책들처럼 겉으로 드러난 모습만으로 판단하는 것은 대단히 위험할 뿐 아니라 편견을 낳을 수도 있다. 이책의 주제는 전혀 다르다. 상대방을 무조건 의심하라는 것이 아니라 좋은 사람을 만날 수 있도록 도움을 주는 것이 이 책의 목표다. 이 책은 다른 사람들이 보내는 신호를 의식하고 자신에게 이로운 사람인지 해로운 사람인지 판단할 수 있도록 도와줄 것이다. 상대방의 어떤 행동은 허용할 수 있고, 또 허용해선 안 되는지 따위를 깨닫게 될 것이다. 나아가 인생의 중요한 사람들에 대해 올바른 결정을 내릴 수 있도록 안내해 줄 것이다.

1. 언어 코드 듣기

목소리는 내면에 대해 약간의 단서를 제공한다. 목소리뿐 아니라 말할 때 사용하는 단어와 실제로 말하는 내용도 중요하다. 상대방은 말을 통해 실제로 어떤 것을 전하려 하는가? 솔직한가? 언뜻 들으면 칭찬 같지만 잘 들어 보면 비꼬는 말 같은가? 상대방을 험담하는가? 한없이 자기 얘기만 하는가? 문법이나 어휘는 정확한가? 직접적으로 표현하지는 않지만, 그 속에 담겨 있는 진짜 의미는 무엇인가?

2. 음성 코드 듣기

말투는 상대방을 정확하게 파악할 수 있는 중요한 단서다. 전화를 받을 때 경험했을 것이다. 수화기 건너편에서 들리는 목소리를 통해 우리는 순간적으로 분위기를 감지할 수 있다. 음성 코드는 말투와 관련된다. 다양한 말투에 익숙해져 있지만, 지금까지는 주의를 기울이지 않았을 수도 있다. 음성 코드는 목소리의 높낮이와 특징(우물거린다, 말끝을 흐린다, 언짢은 듯 말한다, 귀에 거슬린다, 침울하다, 거칠다, 숨을 헐떡인다, 예쁘다, 낭랑하다, 굵다, 공격적이다, 감미롭다, 단조롭다), 크기 및 빠르기 등과 관련된다.

3. 표정 코드 보기

모든 사람의 얼굴에는 표정이 있고, 우리는 그 표정을 통해 상대방을 읽는다. 표정 코드는 상대방이 말하고 들을 때 얼굴에 드러난다. 입을 움직이는 모습도 시선만큼 중요하다. 다른 사람의 말을 들을 때 입을 벌리는가, 입술을 오므리는가, 눈썹을 찌푸리는가, 먼 곳을 바라보는가, 시선을 피하는가, 얼굴을 자세히 관찰하면 상대방의 진의를 읽을 수 있다. 이 모든 행동은 그 사람의 진짜 모습을 드러낸다.

얼굴을 통해 상대방을 파악하는 방법을 알아보자. 굳게 닫힌 입, 무표정한 얼굴, 혹은 과장된 표정 등 일정한 패턴을 살펴봄으로써 벌겋게 달아오른 얼굴, 하얗게 질린 얼굴, 경련이 일어나는 얼굴이 무슨 의미인지 알게 될 것이다. 더불어 말할 때 크게 뜬 눈, 핥거나 깨무는 입술, 찡그린 코의 의미와 자신 있는 표정이 어떤 것인지도 알게 될 것이다.

4. 몸짓 코드 보기

몸짓 코드는 걷고 앉고 서 있는 방법을 보여 주는 것으로, 개인의 청사진과 같다. 얼굴의 위치뿐 아니라 팔다리를 놀리는 방법도 몸짓 코드 분석의 필수 요소다. 예를 들어, 앉아 있을 때 공간을 얼마만큼 차지하는가, 나란히 앉을 때 얼마나 가까이 앉는가? 등을 살펴봄으로써 상대방이 들려주는 몸짓언어를 읽을 수 있다.

✛ 느낌을 자문해 보라

어떤 상황에서든, 기본적인 감정적 분위기를 정확하게 파악하는 것이 중요하다. 이때 얼굴의 움직임과 몸짓언어 코드를 이용할 수 있다면, 어떤 상황에서나 부정적인 분위기를 재빨리 파악하고 마음의 상처를 받지 않게 될 것이다.

마음이 넓은 사람이 되는 것도 좋지만, 위험한 사람은 반드시 경계해야 한다. 좋든 싫든 이 세상에는 상처를 주는 위험인물이 있음을 상기하자. 이들의 성격 유형은 당신의 사회적 생활과 행복과 건강에 해를 입힐 것이다.

상대방을 읽은 다음 제일 먼저 '이들이 어떻게 느껴지는가? 느낌이 좋은가, 나쁜가?' 라고 자문해 보라. 이 간단한 질문만으로도 많은 슬픔을 피할 수 있다. 그러나 대부분의 사람이 어떤 조처를 취하기는커녕 이 간단한 질문조차 하지 않는다.

어떤 사람이 계속 기분 나쁘게 느껴진다면 왜 그 사람과 가까이 지내려 하는지를 자문해 보라. 예를 들어, 어떤 사람과 동업할 것인지를 결정해야 할 때 위의 질문을 자문해 보면 당신에게 큰 이익이 될 실마리를 제공할 것이다.

✛ 두뇌의 최대 능력을 이끌어 내라

1. 감정과 음성의 비밀 누설

최근 뇌신경이 표정과 음성 기관 모두를 통제한다는 연구결과가 발표되었다. 이는 표정을 관리하는 두뇌 자극이 음성 기관도 관리한다는 의미다. 나는 이것을 '음성의 비밀 누설' 이라고 부른다. 아무리 감추려 해도 진짜 감정이 표정과 목소리에서 '누설' 되는 것이다.

2. 신경계를 통한 의미 파악

어떤 사람이 뇌졸중에 걸렸다고 가정해 보자. 뇌졸중에 걸리면 언어를 담당하는 좌뇌가 손상된다. 그 결과 말을 더듬고 같은 말을 반복한다. 이 부위가 손상되면, 두뇌 활동이 원활하게 이루어지지 않으며 다른 두뇌 부위에 이를 보상하도록 명령한다. 따라서 이 사람은 오른쪽 신경계를 통해 말을 듣고 그 의미를 해석하며 해야 할 말을 생각한다. 그리고 여러 신경계를 자극해 안면 근육을 통제하게 한다. 이보다는 덜하지만, 거짓말쟁이에게도 똑같은 신경변화가 일어난다. 그리고 그 거짓말을 간파하기 위해서는 고도의 기술이 필요하다.

순간적인 표정 변화든 말투 변화든 그 미세한 변화를 본능적으로 쉽게 간파할 수 있어서 상대방의 의중을 정확하게 파악한다고 상상해 보라. 상대방이 제아무리 본심을 숨기려 한다 해도 의사소통의 4가지 코드에 정통하면 누구나 진짜 의미를 파악할 수 있게 된다.

3. 두뇌를 통한 감정 파악

자기계발 분야 책의 저자들은 성별의 차에 대해 많은 오해를 하고 있다. 그중에서도 좌뇌는 '여성'의 뇌로, 우뇌는 '남성'의 뇌로 일컬어져 왔다. 하지만 이것은 잘못된 말이다. 사실 두뇌는 좌뇌와 우뇌가 복잡하게 얽혀 있는 하나의 단위로 기능 하며, 두 반구는 분리된 것이 아니다.

뇌는 피질이라고 하는 외피에 둘러싸여 있다. 뇌는 기능이 다른 네 부위로 나누어 볼 수 있는데, 전두엽은 고도의 정신작용을 담당하고, 두정엽은 감각을, 후두엽은 시각을, 측두엽은 청각과 언어감각 등을 담당한다. 하지만 여러 연구 자료를 보면 많은 기능이 교차

하고 있음을 알 수 있다.

목소리와 말투는 기본적으로 언어를 담당하는 좌뇌에서 결정된다. 어떤 목소리를 듣고 특정 말투에 귀를 기울이거나, 아는 사람이나 모르는 사람을 봤을 때 일어나는 구체적인 감정은 대뇌변연계에서 이루어진다. 정서적인 반응 중에는 긍정적인 것도 있고 부정적인 것도 있다. 분노, 사랑, 희열, 혐오, 슬픔 같은 감정은 대뇌변연계를 통해 이루어진다. 특정한 소리, 말투, 단어에 따라 긍정적인 감정을 갖기도 하고 부정적인 감정을 갖기도 한다.

4. 두뇌를 최대한 활용해서 느낌 찾기

명상의 개념을 연구한 학자들은 두뇌에는 엄청난 잠재성이 있으며, 명상에 집중하면 그 잠재성을 더욱 끌어올릴 수 있다는 결론을 내렸다. 두뇌의 신비를 벗기고 두뇌의 해부학과 기능에 대해 더 많은 것을 알게 되면, 특정 부위를 개발해 더욱 생산적으로 살아갈 수 있다.

감정을 담당하는 두뇌 부위에 접근해 자극하는 법을 알게 되면, 더욱 풍요롭고 더 나은 삶을 영위할 수 있으며, 위험신호를 빠르게 감지하고 상대방이 좋은 사람인지, 사기꾼인지를 판단할 수도 있을 것이다.

이를 위해서는 먼저 두뇌의 두 부분, 즉 정보를 객관적으로 보고 듣는 피질과 감정을 느끼는 대뇌변연계가 어떻게 통합되는지를 알아야 한다. 이 모든 것은 느낌을 인식하는 훈련을 통해 가능하다.

존스 부인은 두뇌의 피질에서 남편의 공격적인 말투를 들었다. 그녀는 이 정보를 좌뇌와 우뇌에서 처리했고, 그곳에서 남편이 자신의 말을 오해하고 있음을 깨달았다. 그리고 좌뇌를 통해 남편의 흐트러진 옷매무새와 다른 여자에게 전화한 통화 내역을 시각적으로 받아들였다.

이번엔 두뇌의 깊숙한 부위를 통해 객관적으로 보고 들은 것들을 느낌으로 파악했다. 그녀는 배신에 따른 분노와 질투, 그리고 결혼 생활이 끝났다는 슬픔을 느꼈다. 그녀는 두뇌의 두 부분이 보내오는 느낌을 모두 취합해서 감정을 정리할 수 있었다.

5. 좋지 못한 감정에 빠지기

상대방을 읽는다는 것은 지극히 감성적인 경험이다. 단순히 행동 코드를 파악하고 그 사람의 성격 유형을 분석하는 것만으로는 부족하다. 먼저 자기 자신이 어떤 성격의 유형을 좋아하고 싫어하는지, 상대방의 성격 유형으로 말미암아 자신의 감정이 어떻게 변하는지를 판단해야 한다.

많은 사람들이 느낌에 관심을 두지 않으려 하며, 그 방법을 모르는 경우도 많다. 특히 가정환경이나 기타 여러 가지 이유로 감정을 파악하는 데 익숙하지 않은 사람은 더욱 당황할 수밖에 없다.

저마다 좋아하거나 싫어하는 것을 보고 들었을 때 거기에 반응할 수 있는 신경학적 능력을 갖추고 있지만 이에 제대로 반응하지 못하는 경우가 많다. 심지어 며칠, 혹은 몇 주 뒤에야 반응하는 경우도 있다.

왜 많은 사람들이 전해지는 느낌에 '곧바로' 반응하지 않는 것일까? 왜 지체하면서 때를 놓치는 것일까? 답은 간단하다. 감정의 상처를 받기 때문이다. 옴짝달싹 못할 만큼 겁에 질렸던 경험이 있기 때문이다.

누가 다가와 갑자기 뺨을 때린다면, 대부분의 사람이 너무 놀라 꼼짝도 못할 것이다. 무례하고 욕설을 마구 퍼붓는 사람 때문에 감정적으로 상처받았을 때도 마찬가지다. 상대방의 말과 행동에 즉시 대응하기도 하고 뒤늦게 대응하기도 한다. 재빨리 받아치고 싶지만 곰곰이 생각하고서 며칠이 지난 뒤에 가서야 화가 나는 경우도 있다. 그제야 비로소 상대방의 진의를 깨닫기 때문이다.

감정적으로 상처를 받으면 큰 충격에 빠진다. 대부분 그런 일을 예상하지 못했기 때문이다. 그래서 감정이 마비되고 아무런 반응을 보이지 못하는 것이다.

6. 뒤늦게 적이라는 것을 알았을 때

폴이 산드라를 알게 된 지 벌써 15년이 지났다. 둘은 동업자였고 서로를 존중했다. 항상 상대방의 가족을 챙기고 즐거운 대화를 나누었다. 크리스마스 선물을 주고받기도 했으며, 서로의 집에 저녁 식사 초대를 하기도 했다.

폴은 산드라를 위해 할 수 있는 일이 있다면 최선을 다해 도왔다. 새로 회사를 개업하면서 폴은 그녀에게 일자리를 제의하기도 했다. 산드라는 폴의 회사로 이직하면서 전보다 세 배나 많은 봉급을 받았다.

폴은 손해를 감수하면서까지 산드라를 도와주었다. 그는 좋은 친구이자 착한 사람이었다. 그리고 자신이 곤경에 처하면 그녀 역시 자신에게 똑같이 해 주리라 믿었다. 얼마 뒤 폴은 산드라에게 도움을 구할 일이 생겼다. 그러나 폴의 부탁을 듣자마자 산드라의 몸이 뻣뻣이 굳어지더니 이마에 주름이 잡히고 눈썹이 찌푸려졌다. 그리고 헛기침을 했다. 폴은 그녀의 표정과 몸짓으로 자신의 부탁을 거절하리라는 것을 알 수 있었다.

그동안 손해를 감수하면서까지 베푼 호의를 거둬들일 때가 되었다는 것을 뒤늦게 알게 된 것이다. 폴이 그녀의 행동을 통해 받은 느낌을 인정하지 않았을 때를 가정해보라. 얼마나 끔찍했을지.

7. 신호를 느껴라

나쁜 일이 일어나리라는 것을 어렴풋이 느꼈다면, 정말로 그런 일이 벌어졌을 때 그리 놀라지 않을 것이다. 어떤 사람의 표정이나 몸짓, 언어나 음성 패턴을 정확히 인식한다면, 앞으로 무슨 일이 일어날지 알 수 있을 것이다. 그러면 정말로 나쁜 일이 벌어지기 전에 예방할 수 있다. 상사나 비서의 말투에서도 어떤 신호를 포착할 수 있을 것이다.

칩은 상사가 자신을 해고하리라는 것을 느낌으로 알 수 있었다. 상사의 비서 롤라의 통화 목소리를 들었을 때였다. 평소 그녀는 칩의 목소리를 들으면 반가워했다. 그런데 이번엔 웬일인지 무뚝뚝하고 퉁명스럽게 인사하는 것이었다. 그 소리를 통해 칩은 무슨 일이 일어날 것인지 알 수 있었다. 칩은 나쁜 소식을 듣는 건 시간문제라고 생각했다. 전부터 상사와 조금씩 멀어지고 있었던 것이 떠올랐다. 평소에는 농담도 자주 하고 다정한 제스처도 많이 하던 상사였는데, 어느 날부터 거리를 두었던 것이다.

더 이상 상사는 칩을 바라보지 않았다. 어쩌다 칩과 얼굴이 마주치기라도 할 때면 눈과 입 주위가 굳어졌다. 평소에는 쉴 새 없이 칩에게 말을 걸던 상사가 이제는 거의 말을 걸지 않았다. 때문에 칩은 해고 통보를 받았을 때 다소 실망하기는 했지만, 그리 큰 상처는 받지 않았다.

칩은 두뇌 전체를 활용해 전반적인 상황을 인식했기에 앞으로의 일에 대비할 수 있었다. 시각과 청각을 담당하는 두뇌 부위를 통해 상사와 비서의 부정적인 의미를 파악했다. 그리고 두뇌의 정신적인 면을 사용해 자신의 느낌을 파악했다.

가능한 한 빨리 두뇌의 최대 능력을 이끌어 낸다면, 그만큼 빨리 다른 사람을 읽고 진실에 대처할 수 있을 것이다.

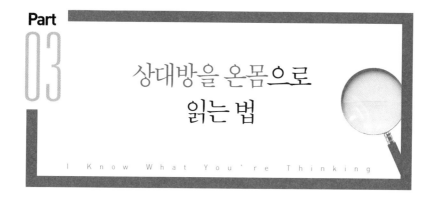

Part
03

상대방을 온몸으로
읽는 법

I Know What You're Thinking

상대방을 잘 읽는 이들은 자신의 본능을 믿는 것 외에도 많은 공통점을 갖고 있다. 다음은 그런 사람들의 특징들이다. 아래 특징을 익히고 활용하겠다는 목표를 세워라.

〈사람을 잘 읽는 사람들의 10가지 특징〉

1. 이들은 과거의 경험에서 배우고 똑같은 실수를 반복하지 않는다. 나쁜 인간관계에서 겪었던 느낌을 생생하게 기억한다. 그때의 나쁜 감정이 너무나 컸기 때문에 다시는 똑같은 일이 일어나지 않도록 노력한다.

2. 상대방의 말과 말투, 말할 때의 모습 등을 주의 깊게 관찰한다. 때문에 상대방의 말을 정확하게 기억한다.

3. 상대의 반응—몸동작, 독특한 몸짓, 표정언어—을 끊임없이 관찰한다. 그래서 상대방이 자신을 어떻게 느끼는지, 자신이 상대방을 어떻게 느끼는지를 파악한다.

4. 처한 상황을 통해 자신의 느낌을 정확히 알기 때문에 분노나 사랑, 공포, 지루함 등 모든 감정을 두려움 없이 표현한다.

5. 이들은 주위에서 일어나는 모든 일을 의식하며, 위험하거나 생명이 위협받는 상황에 부딪히지 않도록 노력한다.

6. 좋은 사람들을 주위에 두는 법을 알기 때문에 자신이 승자가 되리라는 것을 안다. 또한 스스로 역경을 잘 헤쳐 나갈 뿐 아니라, 크게 성공하리라고 믿는다.

7. 작은 부분에 세심한 관심을 기울이면서도 크게 볼 줄 알고, 사소한 일에서도 행복을 느낀다.

8. 기억력이 좋다. 주위에서 일어나는 일에 관심이 많고 항상 사람들을 파악하기 때문에 기억력이 더욱 좋아진다.

9. 사회적으로 그릇된 결정보다는 올바른 결정을 내리는 경우가 많다. 세부적인 내용과 올바른 선택을 알기 때문에 이들이 감수하는 위험은 계산과 신중한 생각에서 비롯된 것이다. 그리고 주위의 압력에 영향을 받지 않는다.

10. 진실하고 믿을 만한 친구들이 많고 사람들과 가깝게 지낸다. 항상 다른 사람의 반응에 관심을 기울이기 때문이다. 그리고 자신의 느낌과 감정을 편안하게 표현하기 때문에 관계는 더욱 돈독해진다. 정확한 판단력을 내리는 이들은 문제를 일으키거나 상처를

줄 만한 친구나 배우자를 선택하는 일이 드물다.

잊지 마라, 지식은 힘이다. 이제 자신의 본능을 믿고 상대방을 읽을 줄 아는 이들의 특징을 알게 되었다. 앞으로도 계속 이에 대해 언급할 것이다.

이런 특징을 많이 알면 알수록 상대방의 속뜻과 진실한 모습을 보다 정확하게 파악할 수 있다. 그리고 이러한 지식을 행동으로 많이 옮길수록 누군가를 만났을 때 단 10초 만에 '진짜'와 '가짜'를 쉽게 구별할 수 있게 되는 것이다.

이제 지난 몇 년간 내가 상담자들에게 가르쳤던 방법, 즉 상대방을 읽는 기술과 관련된 연습을 알아보도록 하자. 이 연습은 상대방을 정확하게 파악할 수 있도록 고안된 것으로, 연습을 많이 하다 보면 상대방의 행동과 말을 더욱 예리하게 판단할 수 있을 것이다. 나아가 더욱 능숙하게 상대방을 읽고 진의를 파악할 수 있게 될 것이다. 상대방을 읽는 능력이 높아질수록 사람들에 대한 통찰력이 깊어지고 인생은 더욱 행복해질 것이다.

❖ 멈추고, 보고, 듣는 법

우리는 초등학교 때부터 빨간불을 보면 멈추고, 파란불일 때 건너며, 골목길에서는 차가 지나가는가를 살펴야 한다는 교통규칙을 배운 바 있다. 이 간단한 규칙을 어기면 교통사고로 인해 생명이 위태로울 수 있다. 이 원칙을 상대방을 대할 때도 적용해 보라. 잠시 멈추고, 보고, 듣지 않는다면 인생이 위험에 처할 수도 있다.

잠시 멈춰 서서 상대방의 표정과 몸짓을 보고 상대방의 말과 말투, 그리고 '이 사람의 기분이 좋은가, 나쁜가?'에 귀를 기울인다면 많은 불행을 피할 수 있을 것이다. 개인생활에서나 직장생활에서 다른 사람과 관계를 맺기 전에 멈추고, 보고, 듣는 법을 익힌다면, 잘못된 결정을 후회하며 밤을 하얗게 지새우지 않아도 될 것이다.

다음은 첫 단계 연습이다. 처음엔 어색할 수도 있겠지만, 몇 번 연습하다 보면 자연스러워질 것이다. 그리고 어떤 상황에 부닥치게 되든지 상대방을 제대로 읽을 수 있을 것이다.

☀ 연습 1 : 의자 뺏기 놀이

이 놀이를 쉽게 이해하기 위해서는 먼저 과정을 작게 나누어 단계별로 수행해야 한다. 어릴 적 의자 뺏기 놀이를 해 본 적이 있을 것이다. 노래를 부르면서 의자 주위를 빙글빙글 돌다가 갑자기 '그만'이라는 소리가 들리면 재빨리 의자에 앉는다. 의자를 차지한 아이는 기쁨의 환호성을 지르고, 의자를 차지하지 못한 아이는 게임에서 제외된다.

노래가 멈추는 순간 의자를 차지해 게임을 계속할 수 있는지 아니면 자격을 박탈당할 것인지를 판단할 수 있다. 인생도 마찬가지다. 누군가를 만났을 때 마음속으로 잠시 멈추고 생각해야 한다.

그래야만 또 다른 불행을 겪지 않고 행복하고 평화로운 인생을 계속할 수 있다.

사람을 만날 때마다 의자 뺏기 놀이를 생각해 보라. 잠시만 시간을 내어 뒤에 '의자'가 있는지 살펴보라. 그리고 당신 등 뒤에 있는 그 사람의 진솔한 모습을 파악해 보라. 그런 다음에 마음속으로 '그만!'이라고 외쳐라. 이 간단한 일을 하는 것만으로도 다음 단계로 나아가 목표를 달성할 수 있을 것이다.

2초 동안 입으로 숨을 들이마셔라. 그리고 2초 동안 숨을 멈춰라. 숨을 내쉬면서 마음에서 상대방에 대한 편견과 오해를 날려 보내라. 그러면 눈과 귀가 포착하는 모든 정보를 선명하게 받아들일 수 있다. 2초 동안 코로 숨을 들이쉬면서 상대방의 얼굴을 똑바로 바라보라. 그리고 2초 동안 숨을 멈춘 다음, 입을 통해 숨을 내쉬면서 상대방에 대한 시각적 정보를 받아들여라.

상대방이 말을 하고 있을 때, 호흡이 편안해질 때까지 계속 이런 식으로 숨을 들이쉬고 내쉬어라. 2초 동안 코로 숨을 들이쉬면서 상대방의 자세와 몸, 팔, 손, 얼굴에 집중하라. 입으로 숨을 내쉴 때에는 상대방의 말과 목소리에 귀를 기울여라.

이번엔 다시 한 번 입으로 숨을 들이마셔라. 이때는 상대방에 대한 느낌에 집중하라. 느낌이 좋은가, 나쁜가?

🏃 연습 2 : 관찰하기

이 연습은 모르는 사람들 속에 있을 때 대단히 좋은 연습이다. 우선 온몸의 긴장을 풀어라. 그리고 영화 속 등장인물을 바라보는 것처럼 사람들을 관찰하라. 그러면 자의식에서 벗어나 감정을 의식하지 않고, 맑은 마음으로 앞으로 경험하게 될 감정을 받아들일 수 있다.

방 안을 객관적으로 관찰하라. 가구, 카펫, 벽 등 주위에 있는 사물을 천천히 바라보라. 한 명씩 한 명씩 사람들이 어떻게 움직이고 어떻게 말하는지 관찰해 보라. 몸에서 어떤 일이 일어나는가? 육체의 반응에 집중하라. 호흡 속도가 어떤가? 가빠지는가, 느려지는가? 호흡을 통해 육체적 반응을 측정해 보면, 사람들 속에 있을 때의 느낌을 파악할 수 있을 것이다. 특히 입을 통해 2초간 숨을 들이마시고 2초간 숨을 멈추었다가 10초간 천천히 숨을 내뱉으면서 의식적으로 마음을 안정시키려고 노력한다면, 그 느낌을 훨씬 쉽게 파악할 수 있을 것이다. 사람들을 관찰하기 전에 반드시 이렇게 호흡해 보라.

당신 앞을 지나가는 사람들을 관찰하면서 제일 먼저 생각나는 단어를 떠올려 보라. '행복하다', '어색하다', '우울하다'와 같이 그 사람에게 가장 적합한 단어를 말이다. 그다음 그 단어가 긍정적인지 부정적인지 평가해 보라. 그리고 어떤 사람을 관찰했을 때 느낌이 긍정적인지 부정적인지를 자문해 보라.

이 연습은 지각적인 두뇌부위뿐 아니라 감성적인 두뇌부위까지 완벽하게 통합하기 위한 훈련이다.

♥ 연습 3: 감정 의식

낯선 사람을 만나 함께 시간을 보내고 그들이 당신에게 긍정적인 영향을 미치는지 부정적인 영향을 미치는지 자문해 보았다면, 이 번에는 조금 더 나아가 상대방을 대면했을 때의 느낌을 판단해 보라. 어떤 기분이 드는가? 기분이 좋은가, 나쁜가? 맥이 빠지는가? 지루한가? 즐거운가? 역겨운가? 불쾌한가?

이 질문에 대답했다면, 그 사람이 내게 그런 느낌을 안겨 주는 이유는 무엇인지에 대해서도 자문해 보라. 예를 들어 후안이라는 사람을 만났을 때 기분이 좋았다고 가정해 보자. 그 이유를 가만히 생각해 보다가, 후안과 같이 있으면 매력적인 사람이 된 것 같은 느낌이 들었기 때문임을 깨달았다. 그렇다면 후안이 어떻게 당신을 매력적인 사람처럼 느끼게 했는지 자문해 보라. 그러면 당신은 후안이 말을 할 때 눈길을 피하지 않고 똑바로 당신의 눈을 들여다보고, 감미로운 목소리로 기분 좋은 말을 하기 때문임을 알게 될 것이다.

한편 캐리와 함께 있을 때 어쩐지 기분이 나빴다고 가정해 보자. 곰곰이 생각해 본 결과, 그녀가 쉴 새 없이 똑같은 이야기를 지껄였기 때문에 그녀에게 기를 빼앗긴 것처럼 느꼈음을 깨달았다. 말이 어찌나 빠르고 시끄러운지 캐리의 얘기를 듣고 난 뒤에는 낮잠이라도 자지 않으면 못 견딜 지경이었다.

멈추고, 보고, 감정에 귀를 기울이면서 상대방이 당신에게 감정적으로 미치는 영향의 이유를 찾아낸다면 처음부터 당신의 인생에 부정적인 영향을 주는 사람을 가까이하지 않을 수도 있다. 잠시만 시간을 내어 자신의 감정상태를 파악한다면 보다 많은 슬픔을 피할 수 있을 것이다.

♟ 연습 4 : 사진처럼 선명한 기억

6개월이나 1년 전에 있었던 휴가나 사건을 떠올려 보라. 당시 사진이나 비디오테이프가 있다면 더 좋을 것이다. 단, 사진이나 비디오테이프를 보기 전에 종이 한 장을 꺼내 그 여행이나 사건에 대해 가능한 한 자세하게 적어 보라.

예를 들어 지난여름 휴가를 떠올려 보자. 여행하는 동안 어떤 옷을 입었고 어디에 갔는지를 떠올려 보라. 가능한 한 어떤 모자를 썼는지, 신발은 샌들이었는지 운동화였는지 이것도 아니라면 구두였는지 그리고 어떤 색이었는지 등 자세한 것까지 말이다.

휴가 때 만났던 사람을 생각해 보라. 그들의 이름과 옷을 떠올려 보라. 그들에게 독특한 특징이 있었는가? 남다른 행동을 했는가? 아니면 당신이 이상한 행동을 했는가? 어떤 것을 먹고 마셨는가? 아주 자세하게 적은 다음 사진이나 비디오테이프를 꺼내 보라. 그리고 자세하게 보고 종이에 적은 것과 얼마나 일치하는지 확인해 보라. 몇 개나 맞추고 몇 개나 틀렸는가? 기억력이 얼마나 좋은 편인가?

많은 사람들이 자신의 기억력이 좋지 않다고 불평한다. 하지만 장담컨데, 신경학적으로 특별한 문제가 있거나 특별히 기억력을 저하시키는 약물을 복용하지 않는 한 기억력이 유난히 나쁜 사람은 없다. 기억력을 최대한 높이는 훈련 방법을 모를 뿐이다. 주변을 좀 더 정확하게 인식하도록 훈련한다면 기억력은 엄청나게 향상될 것이다.

사진이나 비디오테이프로 기록해 둔 특별 행사나 사건이 있은 뒤에 이 연습을 해 보라. 그 사건에 대해 기억할 수 있는 것들을 빠짐없이 적고, 사진이나 비디오 등의 자료를 통해 얼마나 맞추었는지 확인해 보라. 이 연습을 계속하다 보면, 기억력이 놀랄 만큼 향상될 것이다. 다음엔 잘 아는, 혹은 더 많이 알고 싶은 사람의 사진을 보면서 그 사람의 표정과 자세를 자세히 관찰해 보라. 그들이 다른 사람과 서 있을 때의 거리 등 특정 신호를 찾아보라. 상대방 쪽으로 몸을 기울이고 있는가? 다른 사람과 나란히 서 있을 때 어딘지 불편해 보이는가? 억지웃음을 짓는 것처럼 보이는가? 부자연스러운 느낌이 드는가? 사진을 봤을 때 어떤 느낌이 드는가? 그 모습을 보았을 때 기분이 좋은가, 나쁜가? 절로 웃음이 나올 것 같은가? 사람들이 즐거워 보이는가? 사람들의 사진을 보면서 이 같은 질문에 대답하는 것은 숨겨진 것을 읽는 훈련이다.

유명인의 잡지사진을 보는 것도 좋은 훈련 방법이다. 그들이 다른 사람들과 얼마나 가깝게 서 있는지 살펴보라. 그들의 표정과 자세를 관찰해 보라. 그러면 사진 속의 사람이 좋아하는 스타이든 가족이든 혹은 자기 자신이든, 그 사람과 다른 사람과의 관계에 대해 겉으로 드러난 것 이상의 것을 알게 될 것이다.

🤸 연습 5 : 영화 관람

유명한 영화배우를 잘 살펴보면 관객을 자신의 연기에 빠져들게 만든다. 관객들은 연기라는 사실을 잊고 진짜 현실처럼 생각한다. 주인공이 실제로 사는 환상의 세계 속으로 빠져드는 것이다.

이렇게 좋은 영화를 봤을 때에는 거기서 멈추지 마라. 영화를 다시 한 번 보면서 처음에 보지 못했던 것을 찾아보라. 영화를 두 번째 봤을 때 새롭게 발견하는 것들을 보고 깜짝 놀랄 것이다.

🤸 연습 6 : 소리 끄기

비디오테이프를 빌린 다음 소리를 끈 채 훌륭한 배우의 연기를 관찰하라. 표정과 몸짓을 보는 것만으로도 그 배우에 대해 많은 것을 알 수 있다. 본질을 흐리는 말이 없기 때문이다. 똑같은 장면을 여러 번 본 다음 이번엔 소리를 켜고 보라. 얼마나 많은 정보를 얻었는지 살펴보라. 정치가가 진실을 말하고 있는지 알고 싶다면 TV 소리를 꺼 보라. 정치가의 몸짓을 보면 많은 것을 알 수 있다. 손을 눈이나 입에 자주 갖다 대는가? 그것은 자신의 입이 진실을 드러내지 못하게 막으려는 무의식적 행동이다.

어떤 사람의 몸짓을 유심히 살펴보면 미세한 표정 변화나 어깨 움직임, 손과 발의 움직임, 앉거나 걷는 자세 등 미묘한 차이에 관심을 가질 수 있다. 이 연습을 여러 번 반복하면 행동을 통해 사람의 감정상태를 정확히 파악할 수 있다.

연습 7 : 가사 듣기

노래 가사를 듣는 훈련을 하면 사람들이 정말로 하려는 말을 들을 수 있다. 이 연습은 소리가 아니라 말을 듣는 데 더욱 익숙해지기 위한 훈련 방법이다.

대부분 사람들이 음악을 들을 때 가사는 대충 듣고 멜로디에만 집중한다. 하지만 가사에 집중하면 노래가 전하려는 뜻을 이해할 수밖에 없다. 가사를 완전하게 이해하지 못하는 경우도 있겠지만, 노력하다 보면 노래의 주제를 파악하는 데 더욱 익숙해질 것이다.

이 간단한 청각훈련은 집이나 차 안에서, 혹은 한가할 때 언제든 할 수 있다. 이 훈련을 하면 사람들과 대화를 나눌 때 정신을 바짝 차리는 데 도움이 되고, 사람들의 말에 좀 더 귀를 기울이는 사람이 될 수 있다.

연습 8 : 가만히 있기

아는 사람이 하나도 없는 모임에 참석해 본 적이 있는가? 혹은 어떤 모임에 참석했을 때 마음이 몹시 불편하거나 위축되었던 적이 있는가? 그럴 때 다음과 같은 방법을 써 보면 마음이 편안해질 것이다. 가만히 앉아 귀를 기울여 보라. 한마디도 할 필요가 없다. 그저 귀를 열고 상대방의 말에 집중하기만 하면 된다.

상대방의 말투에 신경 쓰면서 객관적으로 찬찬히 들어 보라. 목소리가 큰가, 작은가? 말투가 거친가, 부드러운가? 다른 사람에게 어떻게 말하는가? 비난하는가, 냉소적인가, 비꼬는가? 말로 지지 않으려 하는가? 서로를 진심으로 좋아하고 존중하는 것처럼 들리는가? 목소리에 애정이 담겨 있는가, 적개심이 담겨 있는가?

다른 사람들의 대화를 귀로 '관찰'하다 보면 말 속의 숨은 뜻을 읽을 수 있다. 목소리와 그가 사용하는 단어는 그 사람에 대해 많은 것을 알려 준다.

🕴연습 9 : 공공장소에서 상대방 읽기

공공장소에서 사람들을 읽다 보면 재미도 있을 뿐 아니라 사람들의 관계에 대해 많은 것을 파악할 수 있다. 서로 모르는 사람들이 영향을 주고받는 모습—그들의 몸짓, 표정, 목소리, 언어적 단서—을 관찰하다 보면, 이 훈련을 일상생활에 쉽게 응용할 수 있을 것이다.

식당에서 한 테이블에 마주 앉은 한 쌍의 남녀를 바라본다고 가정해 보자. 여자는 남자가 말하는 동안 의자에 등을 기댄 채 식당 안을 둘러보고 있다. 남자는 이야기하는 내내 여자 쪽으로 몸을 내밀고 있다. 시간이 갈수록 여자가 남자에게 무관심하다는 것은 더욱 분명해진다. 반대로 남자는 여자에게 더욱 적극적이다. 그의 몸짓과 표정을 보면 확실하게 알 수 있다.

많은 커플을 관찰해 보면, 일정한 거리나 자세, 표정, 심지어 팔과 손 동작에도 중요한 의미가 담겨 있음을 알게 될 것이다.

다음에 식당에 가면 조금 일찍 가서 사람들을 관찰해 보라. 혼자 점심이나 저녁식사를 하러 갔을 때 사람 읽기 훈련을 연습할 수도 있다. 출장 간 사람들 중에는 낯선 식당에 혼자 가기를 꺼려 룸서비스를 주문하는 이들도 있다. 앞으로는 그렇게 하지 마라. 이제부턴 할 일이 있지 않은가. 읽기 연습 대상이 무수히 널려 있다. 공항이나 주차장, 혹은 차례를 기다릴 때 등 무수히 많이 있음을 상기하자. 이 연습을 많이 반복하면 반복할수록 사람을 읽는 기술도 향상된다.

혼자 앉아 있는 것이 불편하다면 긴장 완화 연습을 해 보라. 3초 동안 입으로 숨을 들이마시고 3초 동안 숨을 멈추어라. 이번엔 가능한 한 빨리 숨을 내뱉어라. 이 호흡을 세 번 반복하면 훨씬 편안해진다. 이러한 동작을 권하는 이유는 뇌에 많은 산소가 공급돼 긴장감을 느끼지 않기 때문이다.

🙆 연습 10 : 마음의 소음 없애기

상대방을 읽기 전에 먼저 자신에게 집중해야 한다. 이를 위해서는 조용한 시간이 필요하며, 이 시간을 확보하는 데에는 여러 방법이 있다. 명상을 하든가 영적인 자기 자신과 접촉하든가 본질적인 내용은 똑같이 '정신의 소음'을 없애는 것이다. 그러면 바로 앞에 있는 사람에게 정신을 집중할 수 있다.

이를 위해서는 '담았다가 내뿜는' 기법을 사용하라. 첫째, 코로 3초간 숨을 들이쉬고 3초간 숨을 멈춘 다음, 천천히 10초간 코로 숨을 내쉬어라. 이 호흡을 열 번 정도 반복하면, 소음의 방해를 받지 않고 골치 아픈 문제를 저 멀리 보낼 수 있다.

이 연습은 예전에, 혹은 바로 직전에 일어난 골칫거리를 잊는 데도 도움이 된다. 또한 많은 사람들이 과거를 현재로 가져오고, 그 결과 현재의 문제를 해결하거나 어떤 사람을 읽어야 할 때조차 집중하지 못하고 깨끗하고 편견 없는 마음을 갖지 못할 때도 도움이 된다. 따라서 사람을 관찰할 때나 정서적으로 평가해야 할 때 많은 실수를 저지르는 오류를 막을 수 있다. 중요한 사업회의에 참석해 동료들에게 시비조로 대답하거나 부정적인 반응을 보일 확률을 낮춰 준다면 믿겠는가.

마음의 소음을 없애라. 그러면 더욱 행복해지고 더욱 건강해지며 더욱 성공할 것이다.

CODE
READING

PART

2

의사소통의 4가지 코드

여러 가지 언어의 비밀 누설을 알게 되면 상대방이 얼마나 믿을 만한 사람인지, 자부심이 높은 사람인지, 자기중심적인지, 정서적으로 성숙한지, 심리적 상태는 어떠한지 등을 평가할 수 있다. 사람들은 모든 것을 말할 것이다. 언어적으로 누설되는 것에 귀를 기울이고 그 숨은 뜻을 읽기만 해도, 필요한 정보를 얻을 수 있다.

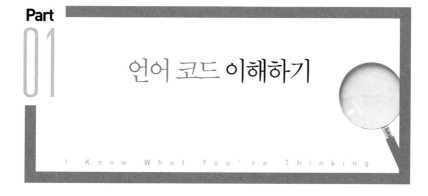

언어 코드 이해하기

I Know What You're Thinking

나는 20년 넘게 목소리와 언어의 의미와 그 미묘한 차이를 연구했다. 그리고 두 전공분야(상담심리학과 의사소통 장애)의 연구를 토대로, '언어의 비밀 누설' 이라고 하는 과학적 신개념을 만들었다.

언어의 비밀 누설이란 본능과 직관에 의존하지 않고 사람들을 정확하고 빠르게 평가하는 과학적 방법을 말한다. 샌프란시스코에 있는 캘리포니아 대학의 연구원 폴 에크만이 '표정의 비밀 누설'을 연구해 사람들의 진실한 감정상태를 시각적으로 연구했다면, 나는 목소리와 언어의 비밀 누설을 이용해 사람들의 목소리를 청각적으로 연구했다. 이 방법을 활용하면 특정한 목소리와 어투를 통해 즉시 사람들을 해석할 수 있다.

이제부터는 우리에게 익숙한 언어 코드를 살펴보고자 한다. 익숙한 만큼 각 언어 코드를 사용하는 사람들의 진의를 쉽게 파악할 수 있을 것이다.

앞으로는 사람들의 말과 관련된 정보를 통해 어떻게 의사소통을 하는지 알게 될 것이다. 비꼬는 듯 말하거나 화제를 자주 바꿀 때, 계속해서 남의 말을 자를 때, 죽을 때까지 입을 다물 것 같지 않을 때, 그것이 무엇을 의미하는지를 알게 되며, 단편적으로 말하고 말을 끝맺지 못하는 사람들의 특징 또한 알게 될 것이다.

여러 가지 언어의 비밀 누설을 알게 되면 상대방이 얼마나 믿을 만한 사람인지, 자부심이 높은 사람인지, 자기중심적인지, 정서적으로 성숙한지, 심리적 상태는 어떠한지 등을 평가할 수 있다.

⁝ 언어의 비밀 누설

1. 정보에 귀를 기울여라

내 동료 폴 칸타루포 박사는 사람들에게 오랫동안 말을 시키면 당신이 그들에 대해 알고 싶은 것을 모두 이야기할 것이라고 말했다. 말 그대로 '모든 것'을 말이다.

그가 말한 것은 타인의 말에 귀를 기울이는 사람이 되는 기술, 그리고 사람들로 하여금 스스로 자신에 대한 정보를 드러내도록 해서 상대방을 파악하는 기술이었다. 부적절하고 난잡한 이야기를 하는 사람은 자제력이 없다. 이들은 상대방에게 지극히 사적인 이야기를 숨기지 못한다. 선이 없기 때문이다. 은밀한 행동을 아주 자세하게 이야기하는 사람들 또한 심리적으로 문제가 있는 사람이다.

2. 사람들은 모든 것을 말한다

언젠가 홍보 담당자를 구할 때였다. 한 면접자는 나나 회사 배경에 대해서는 거의 묻지 않은 채 그저 자신의 사생활과 만난 지 얼마 안 된 남자와 사랑에 빠진 일에 대해서만 이야기했다. 그녀는 어떻게 하면 좋겠는지 충고를 구하면서 그 남자가 자신을 진심으로 사랑하고 있다고 말했다. 대화를 계속하다 보니, 그녀는 무미건조하고 지루한 결혼생활에서 벗어나 짜릿한 자극을 맛보고 싶은 유부녀임을 알 수 있었다.

나는 그녀의 사생활에 개입하고 싶지 않았기 때문에 그 문제는 카운슬러와 얘기해 보라고 권한 다음, 다시 홍보 이야기로 화제를 돌렸다. 그러나 그녀는 몇 마디 하더니 느닷없이 "전 그를 진심으로 사랑하고 있어요. 어떻게 하면 좋을지 모르겠어요. 그는 마음이 넓고 사랑을 많이 받고 자랐어요. 저희 집안사람들은 다들 무뚝뚝해서 전 그 사람만큼 사랑받고 자라질 못했죠. 그 사람은 제가 무엇을 원하는지 정확히 알고 있어요."

나는 예의를 다해 누구나 인생에서 해야 할 일이 있고, 그 결정은 본인만이 할 수 있다고 말했다. 그러고는 다시 한 번 홍보활동에 대한 문제로 화제를 돌리려 했다. 그런데 그 순간 그녀는 자신의 정체를 폭로했다. 집중력 없는 불안정한 사람임을 말이다. 나는 그녀가 사랑을 갈망하고 있음을 깨달았다. 내 홍보 담당자로는 부적합한 사람이었다.

사람들은 모든 것을 말할 것이다. 언어적으로 누설되는 것에 귀를 기울이고 그 숨은 뜻을 읽기만 해도, 필요한 정보를 얻을 수 있다.

3. 정확한 이야기

내 친구 안드레아는 잘생기고 돈이 많은 중년 사업가 밥을 만났다. 힘들게 이혼한 밥은 안드레아를 많이 좋아했지만 전 부인에 대한 이야기를 그녀에게 종종 했다. 전 부인은 돈만 밝히고 냉정했다고 했다. 심지어 이혼하기 직전에는 사랑을 나누다 말고 갑자기 쇼핑을 가거나 세탁물을 가지러 가야겠다는 말도 했다고 했다. 안드레아는 여러 번 밥의 자랑을 늘어놓으면서 내게 이런 이야기까지 말해 주었다.

나는 손뼉은 부딪혀야 소리가 나는 법이니 그의 전 부인을 성급히 비난하지 말라고 충고했다. 그리고 속으로는 장차 부인이 될 안드레아에게 10년에 걸친 결혼생활의 내밀한 이야기를 한다는 건 이해할 수 없는 행동이라고 생각했다. 나는 안드레아에게 말했다.

"전 부인은 그 남자랑 사랑을 나누는 것보다 쇼핑이 더 좋았던 게 아닐까? 어쩌면 밥이 자신을 진심으로 사랑하지 않는다고 생각했는지도 모르지. 밥이 아내에게 아름답고 섹시하다는 말을 안 했는지도 모르는 일이야. 어쩌면 침대에서 동등한 인격체로 그녀를 대하지 않았을 수도 있고, 그가 이기적이고 자기중심적이어서 아내의 욕구에 대해선 조금도 생각하지 않았는지도 모르지. 그래서 전 부인은 그렇게밖에 행동할 수 없었던 게 아닐까?"

"그럴 수도 있겠구나. 난 그런 생각은 한 번도 못했어." 안드레아는 내게 밥을 만나보라고 했다. 그래서 우리 셋은 저녁식사를 했다. 그날 밤 우리는 밥을 읽었다. 그는 끊임없이 전 부인에 대해 이야기했다. 전 부인은 나쁜 사람이었고, 그녀가 자신을 이용했다고 말이다. 또 전 부인의 낭비벽에 대해서도 이야기했다.

밥은 은연중에 자신이 인색하다는 정보를 흘렸다. 카드 청구서가 날아왔을 때 내역을 샅샅이 살펴본다는 얘기와 함께 식사를 마칠 때쯤에는 웨이터를 불러 '차갑게 식은' 커피 값은 지불하지 않겠다고 말했다. 그러고는 웨이터에게 몇 푼 안 되는 팁을 남겼다.

밥의 표정과 목소리에는 냉정함과 천박함이 묻어났다. 목소리는 언짢게 들렸고, 남의 말은 거의 듣지 않았다. 자신과 돈에 대해서만 신나게 얘기할 뿐이었다.

밥은 우리가 알아야 할 것을 모두 이야기해 주었다. 그의 아내가 백화점에서 만족감을 얻었던 것은 당연한 일이었다. 침실에서는 만족감을 얻지 못했으니 말이다.

✛ 언어의 비밀 누설과 언어 코드

사람들의 말을 잘 들어 보라. 한없이 상대방을 욕하는가, 아니면 상대방을 좋게 이야기하려고 노력하는가? 늘 복수심에 불타 있는가? 늘 자기가 피해자라고 말하고 있는가? 항상 상대방 때문에 곤경에 빠졌다고 말하는가? 자주 상대방과 갈등을 일으키는 편인가?

상대방이 어떤 사람인지를 파악할 때는 말의 내용을 듣는 것이 대단히 중요하다. 정신과 의사에게나 해야 할 말을 털어놓는가? 만난 지 얼마 안 된 이들이 지나치게 사적인 이야기를 한다면 허물이 없어서 좋을 수도 있겠지만 판단력이 부족한 사람임이 확실하다. 친한 친구라면 깊은 속내를 이야기할 수도 있다. 하지만 바람을 피운 이야기나 전 부인의 침실 습관 같은 것에 대한 이야기는 그 사람의 정체를 드러내는 단서가 된다. 특히 만난 지 얼마 안 되는 사람이라면 더더욱 그렇다.

그러니 지금부터 알려 주는 언어 코드를 살펴보고 유형별로 분석해 상대방을 파악해 보도록 하자.

1. 대화의 달인형

일관적이게 행동하는 사람은 상대방에게 무슨 말을 해야 할지를 정확히 알고 있다. 따뜻한 말을 하고 애정과 예의를 갖춰 말한다.

진실하고 솔직하다.

이들은 정직하기 때문에 굳이 무엇을 증명할 필요가 없다. 그리고 생각한 다음에 말하기 때문에 말실수를 하지 않는다. 항상 상대방과 상대방의 말을 의식하며, 간단하고 직선적으로 핵심을 말하기 때문에 이해하기 쉽고 숨은 의도가 없다.

이들은 자기 자신보다 상대방에게 관심이 더 많다. 때문에 상대방의 말에 귀를 기울인다. 관심을 받으려 하기보다는 상대방에게 관심을 보인다. 의사소통의 달인은 화제의 중심이 되려 하지 않으며, 안정감 있고 자신 있게 말한다.

"우리는 할 수 있다."나 "당신을 위해서는 어떻게 해야 한다."와 같이 긍정적인 말을 한다. 상대방을 이해하고 공감하려 하기 때문에 이들이 말할 때는 협동과 조화의 느낌이 전달된다. 섬세하고 정서적으로 안정되어 있는 것 또한 놓칠 수 없다.

2. "농담이야" 형

사람들은 자기 자신과 상대방을 향한 진짜 감정에 대해 많은 것을 말로 나타낸다. 비꼬거나 욕을 한 뒤 "농담이야."라고 덧붙이는 이들은 이미 많은 것을 누설하고 있는 셈이다.

농담 운운하는 사람들은, 웃자고 한 얘긴데 왜 그렇게 유머감각이 없느냐고 말하는 경향이 있다. 하지만 사실 그 속엔 적개심이나 질투심이 담겨 있다. 이들은 자신의 불안감을 위장하기 위해 상대방을 괴롭힌다. 문제를 직접적으로 해결하지 않고 잘못된 유머로 상대방에 대한 악감정을 표현함으로써 상대방과 자기 자신, 혹은 인생 전반에 대한 억압된 분노를 드러내는 것이다.

"그렇게 먹어대다가는 맞는 옷이 하나도 없겠는 걸." 밥은 여자 친구에게 이렇게 말하고는 "농담이야."라고 덧붙였다. 하지만 사실은 농담이 아니었다. 그는 여자 친구 베티가 살찌는 데 화를 내고 있던 것이다. 최근 들어 급격히 살이 찐 베티는 예전에 그가 사랑했던 여인이 아니었다. 밥은 속으로 베티가 많이 먹는 게 싫었고 과거의 날씬한 베티로 돌아오기를 바랐다. 하지만 솔직하게 "당신이 살찌는 게 싫소. 날씬했을 때만큼 매력적으로 느껴지지 않는단 말이오."라고 말하지 못했다.

코니는 나이에 비해 젊고 아름다웠다. 50명이 넘는 사람들이 그녀의 마흔다섯 번째 생일을 축하했다. 하지만 두 '친구' 캐서린과 제인은 계속해서 그녀의 나이를 비웃고 있었다. 언뜻 들으면 '절정기'의 나이를 두고 허물없는 농담을 하는 것도 같았다. 둘은 코니가 물 건너간 늙은 여자라며 깔깔거렸다.

처음에는 코니도 대수롭지 않게 생각하면서 가볍게 웃어넘겼다. 하지만 캐서린과 제인은 그날 밤 내내 코니를 비웃었다. 결국 코니는 둘의 행동과 말투에 기분이 상해 버럭 화를 냈다.

그러자 친구들은 오히려 "코니, 뭘 그런 걸 가지고 그러니? 농담도 못해? 유머감각은 어디 간 거야? 우린 농담한 것뿐이야!"라고 말하는 것이었다.

하지만 그건 사실이 아니었다. 코니가 들은 것은 농담이 아니라

두 친구의 적개심과 분노, 질투였다. 그것은 분명 사람들 앞에서 코니를 비웃는 말이었다. "네 마흔다섯 번째 생일을 축하해. 어쩌면 그렇게 젊어 보이니. 넌 정말 좋은 친구야, 사랑해." 같은 애정 어린 말이 아니라 적대적인 빈정거림일 뿐이었다.

코니는 그 농담에 대한 자신의 감정적 반응을 파악하고 진실을 깨달았다. 두 친구는 그녀를 질투하고 있었다. 둘은 코니에게 적개심을 갖고 있었고, 둘의 말은 진짜 감정을 드러냈다. 코니가 나이를 비참하게 생각하도록 술수를 부리고는 '농담'이라는 말로 진의를 감추려 했다.

비아냥은 누구에게나 상처를 입힐 수 있다. 비꼬는 사람들, 특히 "농담이야."라는 말을 덧붙이는 사람들은 당신을 싫어하거나 질투하는 것이다.

이들은 자신감이 없고 상대방에게 경쟁심을 갖고 있다. 뭐라 하던 그들의 말은 농담이 아니다. 액면 그대로 받아들여라.

3. 언어적 무지형

이들이 무식하다는 뜻이 아니다. 그저 어떤 것을 의식하지 못하거나 무시하는 것뿐이다. 이 때문에 사회적, 경제적 상황에 어두우며 현실을 깨닫지 못하는 경우가 많다. 또한 어휘수가 제한되어 있기 때문에 속어나 욕을 빈번하게 사용하기도 한다.

얼마 전 가벼운 뇌졸중을 앓고 있는 한 70대 신사가 자신감과 의사소통 능력을 회복하기 위해 나를 찾아왔다. 그는 내게 '깜둥이 소년'을 고용하게 된 사연을 이야기했다. 성공한 사업가이긴 했지만, '깜둥이'라고 표현한 단어는 그가 시대에 뒤떨어진 사람임을 가리키고 있었다. 현대적인 사회의식을 가진 사람이라면, 그런 경멸적인 단어는 쓰지 않을 것이다. 그는 세상의 변화를 제대로 인식하지 못했다. 때문에 당시 그의 기업을 운영하는 아들과 경영방법을 둘러싸고 많은 갈등을 겪고 있었다.

부적절한 단어를 쓰는 사람들은 자기 자신에 대해 많은 것을 드러낸다. 예전에 상담했던 한 의사는 간호사들을 '계집애'라고 불렀다. 그 표현을 보면, 의사는 분명 자기 직원들을 존중하지 않는 사람이었다. 그 증거가 바로 직원들의 높은 이직률이었다. 그뿐 아니라 그는 간호사 외에도 대부분의 여자를 무시하고 있었다.

4. 반박형

무슨 말에나 반대하는 사람들은 자기 위상을 높이기 위해 유식함을 자랑해야 한다는 강박관념에 사로잡혀 있다. 이들은 남을 곤란하게 만들고 상대방을 존중하지 않는다는 사실을 말로 드러낸다. 이들이 갖고 있는 경쟁심은 상대방을 싫어하거나 두려워하기 때문이다.

비슷한 나이 또래의 형제들이 이런 행동을 자주 보인다. 형제를 이기기 위해서 반박하는 경향을 보이는 것이다. 사이가 나쁜 부부나 연인들도 서로의 말에 반박하는 경우가 많다.

한 부부가 저녁식사에 나를 초대했는데 그 자리가 몹시 불쾌했던 적이 있었다. 식사 중에 아내는 남편의 말에 계속 이의를 제기하며 남편을 이기려 했다. 남편이 아내와 함께 갔던 유럽여행 이야기를 하면서 자신이 루이 15세의 의자를 샀다고 했다. 그러자 아내가 "루이 15세 의자는 무슨! 싸구려 모조품이었지. 그놈의 낡아 빠진 의자를 고치느라 돈이 얼마나 많이 들었는데요. 고치고 나니까 그 나마 그럭저럭 볼만했잖아요!"라고 소리를 질러대는 식이었다.

플로렌스 여행이 참 좋았다는 남편의 말이 끝나기도 전에 아내가 또 끼어들었다. "플로렌스가 좋았다고요? 당신은 플로렌스를 싫어했잖아요! 빨리 집에 가자고 조르기나 하구선! 바가지 썼다고 짜증만 냈잖아요. 게다가 미켈란젤로의 다비드 상이 있는 박물관에도 안 갔잖아요. 그러면서 무슨 플로렌스가 좋았다고 그러는 거예요!"

얼굴이 벌겋게 달아오른 남편이 응수했다. "그날은 식중독에 걸려 온종일 누워 있느라 못 간 거잖소."

"식중독이라니, 무슨 소리예요. 그 전날 돼지처럼 먹어서 그런 거잖아요. 선생님이 그 모습을 봤어야 하는데. 글쎄요, 이이가 파스타를 몇 그릇이나 먹었는지 몰라요!"

불쌍한 남편은 아내를 이길 재간이 없었다. 저녁식사 내내 아내는 남편이 무슨 말을 꺼내기만 하면 토를 달면서 남편을 이기려 했다. 아내는 잘난 척하고 남편의 말에 반박하면서 일종의 우월감을 느끼는 것 같았다. 하지만 사실 그녀의 말은 자신이 불안정하고 야비하며 무례하다는 것을 드러내고 있었다.

저녁식사 분위기는 거북해졌고, 그 불쾌한 상황을 더 이상 견딜 수 없던 나는 결국 양해를 구하고 집으로 돌아왔다. 그녀는 남편을 싫어하는 것이 분명했다. 1년 뒤, 이 부부가 이혼했다는 소식을 듣고도 나는 그리 놀라지 않았다. 그렇게 서로를 존경하지 않고 경쟁심으로만 가득한 부부관계가 오래 유지될 리 없으니 말이다.

남편의 다음 배우자는 이해심이 많고 그의 말에, 특히 다른 사람들 앞에서 반박한다는 생각은 꿈도 꾸지 않는 여인이었다.

5. 깎아내리는 형

남을 깎아내리는 사람은 상대방을 존중하지 않고 질투하거나 두려워한다는 점에서 반박형의 사람과 비슷하다. 이 불안정한 사람들은 남을 깎아내림으로써 자신의 위상을 높이려 하며, 통제권과 권력을 차지해야만 안심한다.

친구의 월급이 인상됐다고 가정해 보자. 그러면 이 유형의 사람들은 "축하해!", "정말 잘됐다!"라는 축하의 말이 아니라, "야, 너같이 일하는 사람한테도 월급을 올려주는 회사가 다 있니?"라는 식으로 말할 것이다.

친구가 열심히 다이어트를 해서 살을 뺐을 때에도 이들은 "대단하다, 정말 힘들었겠구나. 보기 좋다."라는 말 대신, "왜 이렇게 말랐니? 얼굴이 너무 안돼 보인다! 살을 너무 뺀 거 아니야?"라고 말한다. 무슨 말을 해도 마음에 들어 하지 않으며, 무슨 일에서든 흠을 찾는다.

이 유형의 사람들은 자신감이 없기 때문에 다른 사람들 앞에서 상대방을 깎아내려 기분을 상하게 만들고 거기서 우월감을 느끼려

한다.

이들은 대개 '절대로'나 '항상'과 같은 극단적인 말을 자주 하며 인생 또한 극단적으로 생각하는 경향이 있다. 흑 아니면 백, '예.' 아니면 '아니요'다. 이들의 팔레트에는 다양한 색채가 없고, 여러 가능성을 전면 부정한다. 극단적으로 말하는 사람들의 어투에는 오만함이 묻어나온다.

대화를 혼자서 독점하려는 이들과 대화하기란 쉬운 일이 아니다. 상대방과 얘기를 나누는 것이 아니라 상대방에게 일방적으로 말을 쏟아낸다. 남의 의견을 인정하지 않고, 무슨 일이나 아는 체하며, 자기가 말하는 데 급급해 남의 말에 귀를 기울일 틈이 없다. 무슨 말을 하든지 상대방을 이기려 하거나 깎아내리려 한다.

6. 수다쟁이형

'조용히 해! 제발 그만 입 좀 다물어!' 제프가 자기 부모님께 로리를 처음 소개한 날, 그의 머릿속엔 온통 이 말뿐이었다. 제프는 로리가 부모님들에게 잘 보이기를 바랐지만, 로리는 말문이 터지기라도 한 듯 끝도 없이 자기 얘기만 늘어놓는 것이었다.

수다쟁이들은 사람들과 잘 어울리지 못한다. 재잘거리는 모습이 처음에는 귀여워 보일 수도 있지만, 한 시간 넘게 지속되는 수다를 대하다 보면 누구라도 진이 빠지고, 결국 화가 치밀 것이다. 수다쟁이들은 대부분 상대방에게 얘기할 시간이 있는지 없는지에 대해선 관심이 없다.

그렇게 자신 이외에는 관심이 없기 때문에 남의 기분에 대해서는 전혀 신경 쓰지 않는다. 이들은 질문을 해놓고 상대방이 입을 열기도 전에 자기가 대답한다. 입을 다물지 못하는 이유는 침묵이 어색하고 불편하기 때문이다. 그래서 꺼지지 않는 모터처럼 입을 나불거린다.

　이들이 수다를 떠는 이유는 자기 자신을 위로하고 안정시키기 위해서다. 그렇게 함으로써 혹시 맞닥뜨릴지도 모르는 나쁜 이야기나 감정을 잊을 수 있기 때문이다. 이들은 자기 말을 듣기 좋아하고, 그래서 자기도취에 빠진 듯한 성향도 보인다. 이들은 자기가 불편하게 만든 상대방에 대해서는 아무런 관심이 없이 그저 자기 말만을 늘어놓기를 좋아한다.

　이들은 자신의 수다가 상대방을 괴롭히고 있다는 것을 깨닫지 못한다. 상대방과 거리감을 만드는 자신의 말 따위에는 관심이 없다. 이 수다쟁이들을 입 다물게 하는 유일한 방법은 크고 엄한 목소리로 조용히 하라고 말하는 것이다. 하지만 그 침묵은 30분 이상 지속되지 않는다. 이들은 자제력이 없는 사람처럼 보인다. 끊임없이 말을 하고, 자기도취에 빠져 있기 때문에 상대방이 화를 내도 개의치 않는다. 잠시 감정이 상했다 해도, 이내 다시 말을 계속할 것이다. 말을 하지 않으면 힘이 빠지기 때문이다.

　수다쟁이들은 대부분 어린 시절 상처를 받은 경우가 많다. 그래서 성인이 된 다음 수다쟁이가 되는 것이다. 이 행동은 세 살 반에서 네 살 무렵에 일어난 언어 발달과정으로 설명할 수 있다. 이 시기의 아이들은 끊임없이 자기 자신과 다른 사람들에게 질문한다.

그리고 설명을 들은 다음에도 여러 번 반복해서 이유를 묻는다. 그건 관심을 끌기 위해서가 아니라 자신의 말을 듣고 새롭게 습득한 언어를 표현하기 위해서다.

이 시기에 상처받은 아이들이 성인이 된 후에도 심리적으로는 4살짜리 아이의 발달과정에 머무는 것이다. 이들의 수다는 버림받고 혼자 남을지도 모른다는 두려움에 대한 심리적 방어다. 이들은 자기 말을 들어줄 사람을 간절히 원하기 때문에 사람들을 곁에 두려 한다. 주위에 아무도 없으면 무의식중에 혼잣말을 자주 한다.

심리치료를 하다 보면, 수다쟁이들은 어릴 적 혼자 있는 시간이 많았음을 알 수 있다. 수업이 끝나면 자기가 대문을 열고 들어와 혼자 집에 있었거나, 부모와 형제자매들로부터 무시당해 심리적으로 외로웠기 때문에 그 공허함을 달래기 위해 끊임없이 이야기하곤 했던 것이다. 그리고 다른 사람에게 매달리기 위해 수다쟁이가 되었다.

간혹 마약복용이나 정신장애, 혹은 신경학 내지는 유전학적 요인 때문에 수다쟁이가 될 수도 있다.

7. 험담형

남을 나쁘게 말하는 사람들은 자제력이 없는 사람들이다. 그들이 남을 험담하는 이유는 우월감을 느끼고 싶고 자기 자신한테 만족하지 못하기 때문이다. 험담은 비열한 짓이다. 겉으로는 친구 행세를 하지만, 사실은 상대방에 대한 정보를 빼내 다른 사람에게 전달하려 하기 때문이다. 이들은 비밀을 지키지 못한다. 누군가가 들려준 이야기를 자기가 아는 모든 사람에게 전달할 것이다.

남을 험담하는 사람들은 대부분 질투심과 경쟁심이 많은 이들로 상대방에게 상처를 주려 한다. 험담은 경쟁상대를 말로 이기기 위한 방법이다. 하지만 지그문트 프로이트의 말처럼 질투는 파멸로 이어질 뿐이다.

이들은 질투가 많기 때문에 상대방이 남에게 알리고 싶지 않은 개인적인 이야기를 다른 사람들에게 전하면서 그 사람의 명예를 훼손할 수 있는 일이라면 무엇이든 할 것이다. 잊지 마라! 당신에게 남의 이야기를 하는 사람들은 남들에게도 당신의 이야기를 전할 것이다.

남을 험담하는 사람과 재미있게 얘기하다가 허물없이 "도나는 좀 이상해."라고 말했다고 하자. 그 후 도나가 갑자기 당신이 자신을 우습게 봤다며 화를 낼지도 모른다. 아무리 변명해도 도나는 이미 상처받았다며 당신의 이야기를 들으려 하지 않는다. 당신은 그녀에 대해 부정적인 말을 한마디도 하지 않았지만, 이미 험담형의 사람은 당신이 도나의 험담을 했더라는 말과 함께 당신에 대한 나쁜 말을 모두 퍼뜨렸을 것이다.

험담형은 날카로운 눈과 귀로 모든 것을 관찰한다. 따라서 이들에게는 말을 조심해야 한다. 당신이 아무 생각 없이 편안하게 한 말을 다른 이들에게 왜곡해 전할 것이다.

8. 화제를 자주 바꾸는 형

이들은 대부분 집중시간이 짧고 쉽게 지루함을 느낀다. 심각한 대화를 의도적으로 피하려 들고, 긴 시간에 걸쳐 진행되는 주제성 있는 대화 또한 회피하려 한다. 이들은 천성적으로 자기중심적이고, 자신이 화제의 중심이 되거나 대화를 주도해야만 만족하며, 대화의 방향을 자신에게 맞춰 바꾸는 경향이 있다.

9. 자기 중심형

자기중심적인 사람들은 다양한 생각을 주고받지 않고, 자기 자신이 얼마나 멋진 사람인지 자랑해야 한다는 강박관념을 갖고 있다. 항상 관심의 초점이 되어야 직성이 풀린다. 자신을 화제의 중심에 놓으려는 농담과 이야기를 한없이 늘어놓는다.

다른 사람의 감정이나 요구와는 상관없이 늘 화제의 중심이 되려고 노력하지만 아무리 자기 자랑을 늘어놓아도 늘 불안하다. 이들은 대단히 이기적이며, 어떻게 해서든 자기가 좋은 사람이라는 것을 알리려 한다. 끊임없이 자신과 자기 가족에 대해서만 이야기한다. 그리고 자신감을 얻기 위해 자랑을 늘어놓는다.

자기 이야기만 한다는 것은 심리적으로 불안하다는 신호다. 자기가 남보다 낫다고 생각하지만 사실은 공허함과 불안감만 드러낼 뿐이다. 장난감을 빼앗긴 두 살짜리 아이는 소리를 지르면서 울거나 화를 낸다. 자기중심적으로만 얘기하는 사람들도 마찬가지다.

이들은 2살 무렵의 자기중심적 발달단계에 머물러 있는 아이와 같다. 세상이 자신을 중심으로 돌아간다고 믿는다. 따라서 이들로부터 화제를 빼앗으려 할 때에는 반드시 주의하라! 이들은 상대방에게도 의견이 있다는 생각은 조금도 하지 않고 당신에게 화를 내고 비난할 것이다.

내가 만난 한 사업가가 바로 이 자기중심적 단계에 머물러 있었다. 그는 자기중심적으로 행동하고 말했다. 사람들은 그를 자기중심적이라고 했고, 본인도 그 사실을 인정했다. 하지만 사람들은 그와 아버지의 사이가 나쁘다는 것은 알지 못했다. 아버지는 아들에게 전혀 신경을 쓰지 않는 분이었다. 아들이 좋은 성적표를 받아오거나 스포츠에서 뛰어난 성적을 거두어도 항상 무시할 뿐이었다.

이 사업가는 성인이 되어 아무리 큰돈을 벌어도 만족하지 못했다. 연인이 아무리 많은 사랑을 쏟아 주어도 늘 애정에 목말라했다. 어릴 적 아버지가 그랬던 것처럼 다시는 남들에게서 무시당하지 않으려 노력했다. 그래서 사람들에게 자신의 존재를 알리려 했고, 무조건 자신이 대화의 초점이어야 했던 것이다.

10. 참견쟁이형

참견쟁이형의 사람들은 험담형의 사람들처럼 자신감이 없기 때문에 상대방을 시시콜콜 알려 한다. 대부분 사람들을 교묘하게 질투하고 남을 배려하지 않으며, 자기가 얻은 대답에 만족하지 못하고 남의 사생활을 침해한다. 또한 남의 일에 깊이 관여해야만 직성이 풀린다.

상대방이 방심한 틈을 타 일방적으로 몰아세우며 "당신 회사 부도난 것이 확실하답니까?", "남자 친구랑 왜 헤어졌어요?"와 같은 무례한 질문도 서슴지 않고 해 상대방을 짜증나게 만들어 문제를 일으키곤 한다. 이들은 상대방을 언짢게 만드는 말을 좋아하고, 빈정거리는 말투로 상대방의 기분을 상하게 한다.

참견쟁이는 이렇게 말할 것이다. "요전 날 톰이 마시와 오후 내내 같이 있는 걸 봤어. 하지만 톰은 진심으로 널 사랑하는 좋은 남편 아니니?", "남의 일에 참견하긴 싫지만, 클레어는 당신 부하직원이지 짐의 부하는 아니지 않나? 그런데 그녀가 짐의 일을 도와주더군."

대부분의 사람들은 사적인 질문을 듣는 경우가 거의 대부분이기 때문에, 미처 그런 질문에 대답할 대비를 하지 못한다. 그래서 이런 질문에 자기도 모르게 대답한다. 그러고는 나중에 가서야 '왜 내가 그 사람한테 그런 얘기를 했을까?'라고 자책한다. 그건 당신 잘못이 아니다. 그 사람들이 예기치 못한 순간에 무례하고 대담하게 상대방으로부터 답을 끌어냈던 것이다.

이들은 남의 불행을 기쁨으로 아는 두 얼굴의 인간이다. 남의 일에 참견하고 충고하기를 좋아한다. 이들의 목적은 그저 다른 사람의 마음을 상하게 하고 괴롭히는 것이다.

대부분의 참견쟁이는 세 살 무렵의 발달과정에 머물러 있다. 사회적으로 적합한 것에 대해서는 신경 쓰지 않고 지극히 사적인 질문을 한다. 세 살짜리 아이는 "아기는 어떻게 만들어지나요?" 같은 질문을 할 수 있지만, 서른세 살짜리 어른은 그래선 안 된다.

11. 시시콜콜 고백형

이들은 상대방이 관심을 갖던 말든 무엇이든 말한다. 불안정하고 적당한 선이 없다. 은밀한 생활을 털어놓으면 친해질 수 있다는 잘못된 생각으로 아무에게나 시시콜콜 털어놓고 웃음거리가 된다.

이들은 심리적으로 두 살에서 다섯 살 사이의 발달단계에 고착되어 있다. 이 나이 또래의 아이들은 자기가 먹은 음식부터 배변 습관에 이르기까지 낱낱이 이야기하고, 그 대가로 부모에게 "착하다." 라는 보상을 얻는다. 하지만 초등학교에 입학할 무렵에는 배변 습관이나 목욕 습관처럼 남에게 이야기해선 안 되는 것도 있음을 알게 되고, 선생님과 친구들을 통해 지극히 사적인 것도 있음을 알게 된다. 그럼에도 불구하고 성인이 되어서도 사적인 이야기를 계속하는 사람들은 어린 시절 부모에게 받았던 것과 똑같은 칭찬을 듣고자 하는 이들이다.

12. 빙빙 돌려 말하는 형

남자보다는 여자들이 직설적으로 핵심을 말하면 오해가 생긴다고 여기는 경향이 있다.

간단한 말이라도 어렵게 하면, 돌이킬 수 없을 만큼 대인관계가 악화될 수 있다. 우유부단하고 겁이 많은 이들은 문제를 일으키지 않으려 하며, 현상 유지를 선호하고, 대범하게 변화를 일으키는 법이 거의 없다.

간혹 빙빙 돌려 말해 놓고도 요점을 전달했다고 생각하는 경우도 있다. 하지만 그 결과는 불행해졌다는 것뿐이다.

13. 무뚝뚝한 형

핵심을 정확하게 전달하는 것도 좋지만, 그 과정에서 무뚝뚝하게 자기 의견을 전달하는 사람도 있다. 이들은 자신의 말과 의견이 상대방에게 어떤 영향을 미칠지에 대해서 전혀 개의치 않는다.

이들은 아무 생각 없이 상대방에게 틀렸다거나 싫다고 말한다. 이러한 행동은 기본적인 사교술을 배우지 못했거나 많은 사람들 (삭제) 앞에서 하고 싶은 말을 거리낌 없이 큰 소리로 말하는 4~6살 가량의 심리적 발달단계에 머물러 있기 때문이다.

이들이 솔직해서 좋을 수도 있지만, 지나치게 솔직한 성인에게는 원만한 인간관계를 기대하기 힘들다. 성인이 타인의 감정을 헤아리지 않고 지나칠 정도로 솔직하게 말하는 경우, 대부분 어떤 목적이 있을 것이다. 규칙을 지키라고 일부러 무뚝뚝하게 말할 수도 있다. 축구 감독이나 야구 감독들은 이 방법을 동원해 선수들을 이끈다. 하지만 대부분의 경우 무뚝뚝하게 말하면 상대방은 위협을 느끼고, 서로의 사이 또한 나빠지게 된다. 그 거친 말이 영원히 가슴에 남기 때문이다.

14. 겸손형

　지나칠 정도로 겸손한 사람들은 항상 두려워한다. 자기 그림자도 무서워할 정도다. 질문을 할 때도 "실례합니다." 정도로 시작해도 될 것을 "방해해서 죄송합니다만……."이라든가 "시간을 빼앗아 대단히 죄송합니다."라고 말한다.

　이렇게 행동하는 이유는 굳이 시간을 내어 자신과 말할 사람이 없으리라 생각하기 때문이다. 이들은 자부심이 없고 문제를 일으키기 싫어한다. 다른 사람을 언짢게 하기 싫고 눈에 띄기 싫은 나머지 말수가 적어지는 경향이 있다. 비판받기를 싫어하고 주목받는 것도 싫어한다. 눈에 띄지 않을 때 마음이 제일 편안하다.

　이들은 자기 몫을 당당하게 요구하지 못하기 때문에 출세와는 거리가 멀다. 항상 남의 손에 끌려 다니고, 칭찬이나 격려를 해도 자기 자신을 깎아내린다. 시험을 잘 봤다고 칭찬해도 "별 것 아니에요. 쉬웠는데요, 뭘."이라거나 "그 정도는 누구나 할 수 있어요."라는 식으로 자기 자신과 자신의 성과를 과소평가한다.

　자신을 깎아내리기에 급급해서 자신감을 얻지 못하는 이들과 대화하기란 무척 힘든 일이다. 솔직한 칭찬을 받아들이지 못하며, 관심을 받으면 극도로 긴장하고 불안해한다. 유능하고 명석하면서도 쉽게 결정을 내리지 못하고 아무 말도 하지 못한다.

　이들은 자기 합리화의 명수다. '무슨 말을 해도 바보같이 들렸을 거야. 아예 입 닥치고 있기를 잘했어.'라고 생각한다. 이렇게 자신이 비판받지 않기 위해 갖은 노력을 다하는 이들이지만, 다른 사람에 대해서는 대단히 비판적이다. 자신에게 비판적인 것만큼 남에게도 비판적인 것이다.

또한 이들은 대단히 수동적이고도 공격적인 사람들이다. 아무리 화가 나더라도 전혀 내색하지 않다가 어느 순간 갑자기 폭발하는 경우가 종종 있다.

15. "모르겠는데요" 형

이들은 남의 기분을 상하게 할까 봐 자신의 입장이나 생각을 밝히지 않으려 한다. 자기 입장을 고수하지 못하고 겸손하며 문제를 일으키기 두려워하는 경향이 있다. 그리고 사람들과 인생을 두려워한다.

어느 날 저녁식사 모임에 참석했을 때였다. 옆에 있던 남자는 사람들이 의견을 물을 때마다 '모르겠다.'라는 말로 일관했다. 얼마 후에는 아무도 그의 생각을 묻지 않았다. 그가 사람들과 얘기하려 하지 않았기 때문에 우리는 그가 싫었다. 파티가 끝날 무렵, 그는 책을 쓰려 하는데 에이전트나 출판사를 소개해 줄 수 있겠느냐며 내게 말을 걸었다.

나는 그의 부탁에 무척 당황했다. 그가 자기 이야기를 하지 않는 한 그를 남에게 추천해 줄 수는 없었다. 사람들은 대부분 자기 생각이나 의견을 사람들과 주고받으면서 자신의 존재를 드러낸다.

일단 나는 그에게 추천하기가 좀 꺼림칙하다고 솔직하게 말하고 그 이유를 설명했다. 그리고 사람들이 그를 파악하려고 노력했음에도 불구하고 그때마다 그가 '모른다' 는 대답으로 일관했음을 일깨워 주었다. 그래서 그가 무언가를 숨기거나 자신의 정보는 내놓지 않은 채 남의 정보만 가로채는 것 같아서 불쾌했다고 말했다.

그는 우리가 하는 얘기를 잘 몰랐고, 다른 의견을 말하면 사람들의 기분이 상할까 봐 조용히 있었다고 대답했다. 나는 오히려 아무 말도 하지 않았기 때문에 사람들의 기분이 상했다고 알려 주었다. 그리고 작가가 되어 자신의 책을 홍보하기 위해서는 어떤 주제에 대해 자기 견해를 밝혀야 할 것이라는 말을 덧붙였다. 그런데 그렇게 하지 않았기 때문에 내가 아는 사람들에게 소개해 줄 수 없다고 했다. 그는 내 말에 고마워했다. 그는 자신이 '모른다' 고만 말했기 때문에 원하는 만큼 사람들에게 환영받지 못했던 것 같다고 했다. 그의 말이 맞았다.

한편, '예' 나 '아니오' 등의 단답형으로만 대답하는 사람도 같은 부류에 속한다. 사람들과 친해지고 싶다면 대화를 나누어야 한다. 무조건 모른다고 하거나 '예' 나 '아니오' 로만 대답하는 사람은 자신감 없고 겁이 많으며 무언가를 숨기고 있다. 이렇게 행동하면, 사람들과 친해지기는커녕 신뢰하기 힘든 사람이라는 인상을 줄 뿐이다.

16. 거짓말쟁이형

"툭 까놓고 솔직하게 얘기하자."라거나 "절대로 거짓말은 안 하겠다."라고 말하는 사람을 보면, '왜 저런 말을 하는 거지? 사실은 거짓말을 하는 걸 거야. 그렇지 않다면 왜 그런 말을 하겠어? 라는 생각이 들 것이다. 그리고 그 직감은 대부분 정확하다. 솔직하지 못한 사람들은 이런 식으로 상대방을 안심시킨다.

이들은 신체적 · 언어적 단서를 자신도 모르게 드러낸다. 말을 꺼낼 때 더듬거리면서 생각을 정리하고 할 말을 꾸며 낸다. 또한 '음', '어', '그러니까'와 같은 말들을 자주 한다. 초조해지면 "정말…… 정말로 좋네."와 같은 식으로 단어를 되풀이하기도 한다. 거짓말을 일삼는 사람들은 예상치 못한 질문이나 대답을 들었을 때 이렇게 말을 반복하고 더듬거리는 경우가 많다. 미리 생각해 두었던 거짓말이 먹히지 않아서일 것이다.

애매하게 말하거나 말을 빙빙 돌리거나 말수가 적은 사람들도 거짓말을 하는 경우가 많다. 아무리 거짓말을 잘 꾸며내는 사람도 '말실수' 때문에 들통나는 경우가 있다. '말실수'라는 개념은 프로이트가 1901년에 쓴 〈일상생활의 심리학(The Psychology of Everyday Life)〉에서 처음 제기됐다. 본래 사람들은 중요하고 익숙한 이름을 잊어버리거나 계획했던 것과 다른 말을 해서 본심을 드러내는 경향이 있다. 예를 들어, "그에게 자자고 했어. 아니, 아니, 만나자고 했어."와 같은 말실수는 이 여자의 억압된 생각을 드러낸다. 이 여인은 남자와의 단순한 만남이 아니라 그 이상의 관계를 마음에 두고 있었는데 그것이 무심코 드러난 것이다.

거짓말쟁이를 간파할 수 있는 또 다른 단서는 지나친 칭찬이다. 칭찬이 과할 때는 불순한 의도가 깔린 경우가 많다.

공자는 일찍이 "아첨하는 사람은 믿지 말라."라고 했다. 그런 사람들은 이용가치가 더 큰 사람이 나타나거나 더 좋은 기회가 생기면 헌신짝처럼 당신을 외면할 것이다.

TV 프로듀서인 애드리안은 누구에게나 '허니', '스위티', '베이비' 라는 호칭을 사용했으며, 역겨울 만큼 감미로운 목소리로 입바른 말을 했다. 하지만 일단 원하는 것을 차지하면 다시는 상대방을 쳐다보지도 않았다. 결국 모두가 그녀의 진의를 눈치챘고, 그 때문에 애드리안은 한동안 취직하는 데 애를 먹었다. 사람들은 그녀를 곁에 두려 하지 않았다.

이 믿을 수 없는 사람들은 상대방을 교묘하게 속여서 우월감을 느끼려 한다. 그래서 자신을 높이거나 남을 좌우하려고 거짓말을 일삼는다. 사람들과 거리를 두어 자신의 실체를 파악하지 못하게 만든다. 그렇게 자신과 타인을 교묘하게 조작하며 자신을 매력적인 사람처럼 보이게 하고 우위를 차지하려 한다.

거짓말쟁이들은 남들이 자신의 실체를 눈치챌까 봐 두려워한다. 그래서 아첨을 늘어놓는다. 말은 번드르르하지만 진심으로 상대방을 파악할 생각은 없다. 그저 거리를 두기 위해 칭찬하는 것이다.

17. 혀짤배기형

발음이 불완전한 사람들은 목소리가 큰 사람들처럼 미숙하거나 심리적으로 어린아이 단계에서 벗어나지 못한 경향이 있다.

폴 칸타루포 박사는 6~8세가 되어서야 마찰음을 완벽하게 익힌 사람들은 심리적으로 그 연령대에 머물러 있다는 것을 발견했다.

그는 25년간의 상담 결과를 토대로 발음이 불완전한 젊은 여성들은 마찰음을 익히는 발달단계의 아이처럼 성적으로도 미숙하다고 보고했다.

어린 아이들은 혀짧은 소리를 해도 귀여워 보이지만 성인들은 전혀 귀여워 보이지 않는다. 연구 결과에 의하면 발음이 불완전한 사람들은 게으르고 산만하며 지적으로 보이지 않는 인상을 준다고 한다. 단, 치아나 구강 구조 때문에 발음이 안 좋은 경우도 있다. 따라서 구강 조건에 따른 현상인지 확인해 보아야 할 것이다.

18. 횡설수설형

묻지도 않은 이야기를 필요 이상으로 하거나 자꾸 옆길로 새는 사람을 조심하라. 이들은 진실을 말하지 않는다.

결혼 10년 차인 게일은 남편이 바람을 피우는 것만 같았다. 당황한 그녀는 내게 상담을 구했다. 최근 들어 남편이 매일 늦게 귀가하는데 엉뚱한 핑계를 대는 것 같다며 남편의 말이 거짓인지 아닌지 확인할 방법이 없느냐고 했다. 나는 남편이 다음에 또 늦으면 어디 갔었는지 물어보고 남편이 솔직하게 대답하는지, 아니면 핑계를 대는지 살펴보라고 했다. 그리고 얼마 후, 늦게 귀가한 남편은 "어디 갔었어요?"라는 게일의 물음에 이렇게 대답했다.

"아, 당신 선물을 사려고 가게에 가는 길이었는데, 기름이 떨어졌지 뭐야. 그런데 잔돈이 없다더군. 그래서 일단 차를 세워두고 잔돈을 바꾸러 선물가게에 갔지. 그런데 거기서 내가 누구를 만났는지 아오? 글쎄, 20년 만에 군대 친구 조를 만났지 뭐요. 그런데 조의 표정이 어둡더라고. 그래서 무슨 일이 있느냐고 했더니 얼마 전에 아내와 헤어졌다더군. 게다가 아들놈까지 사고를 쳐서 소년원에 있다는 거야. 그 친구가 너무 안됐더군. 그래서 기운 좀 내라고 그 친구와 맥주를 몇 잔 했지. 그런데 자동차 열쇠가 안 보이는 게 아니겠소. 그 친구랑 바닥을 기어다니면서 한 시간 넘게 열쇠를 찾았다오. 결국 화장실에서 찾았지. 그런데 화장실을 나가려는데 문이 꼼짝도 안 하는 거 아니겠소. 화장실에 꼼짝없이 갇혀 있었지. 내가 하도 안 오니까 조가 화장실에 왔더군. 그 친구가 문을 부수다시피 해서 가까스로 빠져나왔소. 문이 어찌나 낡았던지, 손 좀 봐야 할 거요. 화장실에서 나오는 데 한 30분은 걸렸을 거요. 119를 부르자고 했더니 조가 자기가 해 보겠다고 고집을 부리지 않겠소. 그래서 그냥 내버려뒀다오."

남편은 이 얘기 저 얘기 횡설수설했다. 게일의 의심은 적중했다. 그는 바람을 피우고 있었던 것이다. 게일이 물어본 것은 어디 갔었느냐는 것이었다. 하지만 남편은 3시간이나 늦었다는 죄책감 때문에 묻지도 않은 이야기를 늘어놓았다. 마침내 게일은 단도직입적으로 여자가 있느냐고 물었다. 그러자 남편은 순순히 고백했다.

갑자기 엉뚱한 얘기를 하는 사람들은 자기가 무슨 말을 하는지 모르고 있다. 그들은 단순한 진실을 숨기기 위해 횡설수설하면서 한없이 떠벌린다.

19. 말더듬이형

누구나 초조하거나 겁을 먹으면 말을 더듬는다. 말을 더듬는 사람들은 머뭇거리거나 한동안 말을 잇지 못하거나 똑같은 말을 여러 번 반복한다. 따라서 일반적으로 소심하고 수줍어하거나 솔직하지 않은 사람이라는 인상을 준다.

말더듬이에 관한 이론은 실로 다양하다. 고질적인 말더듬이 현상은 심리적 문제라고 보는 입장도 있고, 어린 시절의 경험이나 유전적 원인으로 보는 입장도 있다. 사실 언어병리학자들조차 그 의견이 달라서 치료법 또한 다양하다. 하지만 원인이 무엇이든 말더듬이 현상은 당사자들에게 무척이나 고통스러운 일이다.

말을 더듬는 사람들이 모두 거짓말쟁이라는 것은 아니다. 하지만 평소에는 유창하게 말하던 사람이 특정 상황에서 우물쭈물한다거나 한동안 말을 잇지 못하거나 똑같은 말을 되풀이한다면 한 번쯤은 의심해 보아야 한다.

심리학자 폴 에크만은 목소리에서 속임수를 파악할 수 있다는 연구발표를 통해 너무 오랫동안 혹은 자주 머뭇거리는 사람들에 대해 이야기했다. 이들은 자기 차례가 되어도 망설이고, 막상 입을 열어도 지나치게 더듬거나 똑같은 말을 반복한다. 에크만에 따르면, 거짓말쟁이가 진심을 숨기고 할 말을 미리 생각해 두지 않았을 때 말을 더듬는다고 한다.

사람들은 말을 더듬는 행동에 부정적으로 반응한다. 무언가 수상하다는 것을 눈치채고, 상대방이 솔직하지 못하다는 것을 느낀다. 정확히는 알 수 없지만 무언가 옳지 않다는 것을 감지한다. 그들은 거짓말을 하는 사람의 행동을 주의 깊게 관찰한다. 그리고 그런 사람들과 거리를 두려 한다.

애석하게도 바로 그 때문에 말을 더듬는 사람들은 마음의 상처를 입는다. 거짓말을 하는 것이 아닌데도 의심을 받기 때문이다. 그러나 말을 반복하거나 머뭇거리는 태도가 사람의 신경을 건드린다는 것만은 분명하다.

로스앤젤레스 레이더스 팀의 수비수였던 레스터 헤이스가 상대 팀의 패스를 가로채 자기 팀에게 승리를 안겼던 때의 일이다. 인터뷰를 위해 TV 카메라를 들이밀자 레스터 헤이스는 말을 더듬거리면서 처음 한 말을 계속 반복하며 하고 싶은 말을 하지 못했다. 그저 똑같은 말만 반복할 뿐이었다. 그날은 헤이스에게 평생 최악의 날이었으며, 그를 지켜보는 수백만 축구 팬에게도 당혹스러운 순간이었다.

게다가 스포츠 캐스터는 잔인하게도 그에게 계속 질문을 퍼붓고 있었다. 레스터가 말을 계속 더듬자 방송 감독은 갑자기 마이크를 꺼 버렸다. 이 광경을 수백만 시청자뿐 아니라 CF 관계자까지도 보게 되었고, 이 때문에 결국 레스터는 수백만 달러의 광고 계약을 놓쳤다. 이후 그 누구도 레스터를 CF에 출연시키려 하지 않았다.

하지만 레스터는 사람들의 생각이 틀렸음을 입증했다. 나를 찾아온 레스터는 정성을 다해 말 더듬는 버릇을 바로잡기 위해 노력했다. 얼마 지나지 않아 그는 더듬거리는 말투를 고쳤고, 광고주들이 선호하는 CF 모델이 되었다.

20. 웅얼거리는 형

말을 웅얼거리는 사람들은 대개 자부심이 낮다. 자기 말이 중요하다고 생각하지 않기 때문에 수줍어하며 웅얼거리는 것이다. 또 언어적으로 수동적이면서 공격적이어서 심중의 말을 모두 털어놓지 않으려 한다.

말을 웅얼거리는 가장 큰 이유는 자신감이 없기 때문이다. 이들은 자신의 존재와 성과를 부끄러워하고 거북해한다. 눈에 띄기를 싫어해 이목을 끌지 않으려 애쓴다.

웅얼거리는 사람들은 상대방으로부터 크게 다시 한 번 말해 달라는 요구를 자주 받기 때문에 좋든 싫든 자연히 주위의 시선을 받는다. 이들의 말을 듣는 상대방은 잘 들리지 않아 짜증이 나고, 웅얼거리는 사람은 눈에 띄기 싫은데 상대방이 자꾸만 크게 말하라고 해서 짜증난다. 그래서 이 둘 사이에는 악순환이 계속된다.

갤럽 조사에 따르면, 가장 짜증나게 하는 말투가 웅얼거리는 것이라고 응답자 중 80%가 대답했다,

21. 단편적으로 말하는 형

사고의 흐름을 따라 말하는 것을 힘들어하는 사람들이 있다. 이들은 정신적으로나 정서적으로 온전치 못하다. 뇌 기능장애, 화학적 불균형 또는 약물 반응 때문이거나 정신분열증 같은 심각한 정

신병 때문일 수도 있다.

어떤 사람이 계속해서 단편적으로 말한다면, 분명 문제가 있다. 어린아이들이 말을 배우는 과정에서 토막토막 말하는 것은 정상이지만 어른이 그렇게 말하는 것은 정상이 아니다. 단편적으로 말하는 사람들은 몸동작도 툭툭 끊어질 것이다.

이스라엘의 생리학자 모세 펠덴크라이스는 〈미묘하고 명확한 것 (The Elusive Obvious)〉이라는 저서에서 단편적인 몸동작은 충동적이고 불완전하다고 했다. 신체 일부는 긴장되어 있으며 동시에 또 다른 일부는 이완되어 있기 때문이라는 것이다. 마찬가지로 어떤 말은 이해가 되지만 또 어떤 말은 전혀 이해할 수 없으며 일관성이 없다. 말과 행동이 따로 논다. 게다가 무언가를 골똘히 생각하는 것처럼 눈빛이 흐릿하다. 정신분열증 환자들도 이렇게 말의 속도와 리듬이 부적절하고 엉뚱한 말을 강조한다.

내 친구 베스가 내게 자기 남자 친구인 로버트를 만나 보라고 했다. 그는 2시간이나 늦게 나타났다. 셋이 대화를 하고 있었는데 나는 도무지 그의 말을 이해할 수 없었다. 문장은 토막토막 끊겼고, 사고의 흐름도 비논리적이었다.

그가 화장실에 갔을 때, 베스는 들뜬 목소리로 어떠냐고 물었다. 나는 솔직하게 말했다. 마약을 복용하고 있거나 심각한 문제가 있는 것 같다고 말이다. 나는 최소한 그가 하는 말조차 이해할 수 없었다. 베스는 화를 내며 로버트가 돌아오자마자 그와 함께 나가 버렸다.

얼마 뒤 베스는 울면서 내게 전화를 했다. "네 말이 맞았어. 그가 마약을 하는 거야. 나한테는 몇 년 전부터 마약을 끊었다고 했는데, 친구들이랑 아파트에서 마약 하는 걸 봤어. 난 그가 창조적인 사람이라 그렇게 말한다고 생각했는데……."

단편적으로 말하는 사람을 조심하라. 거기엔 여러 가지 원인이 있지만 좋은 이유는 단 하나도 없다. 이들은 신체의 모든 기관을 조화롭게 움직이지 못할 것이다. 단, 정신병 치료약물을 복용하기 때문에 사고가 비논리적이거나 단편적으로 말하는 경우도 있다.

22. 투덜이형

뭐든지 세상 탓으로 돌리는 사람들이 있다. 이들은 매사에 불평을 늘어놓으며, 대부분의 화제가 다른 사람들이 자신을 불행하게 만들었다는 것이다.

건강문제든 대인관계 문제든 이들은 도움을 청하면서 관심을 끌려 한다. 하지만 막상 도와주려고 하면 무시한다. 어디서든 흠을 찾아내며, 현재에 감사할 줄 모르고 과거의 일을 언제까지나 걱정한다. 이들과 잠시만 이야기를 해도 온몸의 힘이 빠져나간다. 모든 사람을 자신처럼 불행하게 만들 사람들이다.

이들에게 대안을 제시하면 대부분 "그래, 하지만……." 이라고 대답하며, 문제가 해결될 수 없는 핑곗거리를 찾아낸다. 피해자라는 사실을 즐기는 것처럼 보인다. 그 때문에 도와주려 했던 사람들은 분개할 수밖에 없다.

23. 말수가 적은 형

조용한 사람들은 다소 무서워 보인다. 무슨 생각을 하는지 알 길이 없기 때문이다. 이들은 좀처럼 자기 의견이나 생각을 얘기하지 않기 때문에, 의심스럽고 신뢰받지 못하는 경향이 있다.

"좋은 자동차군요."라고 말하면, 이들은 간단히 "예."라고 대답한다.

"차종이 뭐죠?"

"도요타요."

"차 어때요?"

"좋습니다."

"특별히 이 차를 고르신 이유가 있나요?"

"그냥요……."

이처럼 이들은 먼저 말을 거는 일도 없고 질문을 하면 단답형으로 대답한다. 말수가 적은 사람들은 대부분 심리적인 문제를 갖고 있다. 수줍음이 많고 내성적이며 자신의 솔직한 감정을 억누르기도 한다. 이들은 진정한 자아를 찾으려 하지 않으며 낯선 사람이나 새로운 생각, 새로운 모험을 싫어한다. 이들은 냉정하고 남에게 의지하기를 싫어하기 때문에 사람들과 거리를 둔다. 차라리 혼자 있기를 좋아한다. 사람들과 쉽게 사귀지 못하기 때문에 항상 두려워하고, 대부분의 경쟁을 피한다. 이들에게 말하라는 것은 고문과 다름없다. 그래서 꼭 필요할 때나 본인이 하고 싶을 때만 말한다. 이들은 침묵으로 남을 지배하려는 완고한 성향이 있다.

이들은 불만이 많고 마음속에 분노와 적개심을 갖고 있다. 조용하고 마음이 여려 보이지만 사실은 그렇지 않다. 지나칠 정도로 자기감정을 억누르다가 어느 날 갑자기 폭발하는 경향이 있기 때문에 무서운 사람일 수 있다.

과거의 상처를 재현하기 싫은 나머지 대부분의 경우 침묵을 지킨다. 적극적으로 나서지도 않고 사람들과 감정적으로 거리를 둔다.

또한 이들은 완고해서 변화에 적응하지 못한다. "진짜야.", "확실해.", "내 생각에는⋯⋯.", "잘 모르겠는데."와 같은 말들을 반복하는 경향이 있다. 사람들이 말을 많이 하기 때문에 자신은 말을 아껴야 한다는 식으로 자신의 간단한 대답을 합리화한다. 사람들을 피하고 기존의 생활방식에 안주한다. 그러면서 귀찮은 일에 끼어들기를 싫어한다.

24. 잘난 척하기형

뭐든 아는 체하는 사람들은 상대방의 말을 듣거나 대화를 하지 않고 일방적으로 퍼붓는다. 교수나 선생님처럼 고압적으로 말하기를 좋아하며, 상대방을 낮추고 우월감을 느끼려는 속물근성을 가지고 있다. 또한 아이에게 말하는 것처럼 또박또박 천천히 말하는 경우가 많다.

또한 이들은 "그건 말이지…….", "그건 이런 거야……." 식의 말로 시작한다. 이들은 모든 것을 다 아는 양 말을 하고 틀린 정보나 잘못된 사실을 서슴없이 이야기한다. 이런 사람의 공통점은 바로 무례하고 남을 배려할 줄 모르며 말을 걸기가 쉽지 않다는 것이다. 자기만이 정답을 알고 있다는 식의 말하기로 끊임없이 무언가를 설명하려 하고, 오만하고 유식한 체한다. 누가 이런 자신의 말하기를 끊으면 자신이 공격당했다고 느끼기 때문에 화를 내거나 짜증을 낸다.

자기만 옳다고 믿는 이들과 대화를 나누기란 좀처럼 어려운 일이다.

25. 잔소리형

이들은 기본적으로 남을 지배하려 한다. 어떤 일이 제대로 되었는지 수시로 체크하며 똑같은 말을 반복한다. 무시당하는 것을 끔찍이도 싫어하는 이들은 남을 비난하기를 좋아한다. 또한 자신의 말대로 했는지를 끊임없이 확인하면서 상대방을 귀찮게 한다. 그리고 자기가 원하는 대로 해도 마음에 들어 하지 않고 또다시 비판하며 불만을 퍼붓는다.

많은 사람들이 이 잔소리 때문에 인간관계를 끝내려 한다. 회사에서도 가정에서도 빈번히 일어나는 일이다. 잔소리는 승자도 패자도 없는 파워플레이다. 잔소리를 그만두면 대화는 늘어나고 슬픔과 분노는 줄어들 것이다.

26. 끼어들기형

  말을 하고 있을 때 수시로 끼어드는 사람들이 대화 중에 생긴다면 자기 생각을 마무리하지 못하기 때문에 기분이 상하고 적개심이 생긴다고 한다.

  남의 말을 중간에서 가로채는 사람들은 막무가내로 대화의 주도권을 잡으려는 경향이 있다. 상대방이 화를 내도 아랑곳하지 않고 자신이 하고 싶은 말만 계속한다.

  화제를 수시로 바꾸는 사람들처럼, 말을 중간에서 가로채는 사람들 역시 모든 대화를 주도하려 한다. 이기적이기 때문에 상대방과 대화를 나누고 교감하기보다는 자기 생각을 전하는 것을 가장 중요하게 생각한다. 마지막 말을 자기가 하지 않으면 만족하지 못한다. 대화를 주도하고 모두의 시선을 끌어야 한다.

  남의 말에 끼어드는 이들은 대화뿐 아니라 기본적으로 자기가 모든 것을 통제해야 한다고 생각한다.

27. 욕쟁이형

  욕을 많이 하는 사람들은 잘난 척하고 강해 보이려는 경향이 있다. 욕설은 대부분 상대방을 궁지에 몰아넣기 위한 방어수단이다. 한 집단에 소속된 사람들끼리 거친 말을 편안하게 주고받는다면 유대감이 형성될 수 있다. 하지만 대부분의 경우 욕을 하는 데에는 어떤 목적이 있다. 상대방의 반응을 보고 상대를 파악하려는 것이다.

언젠가 나를 찾았던 상담자처럼 일종의 충격 효과로 욕을 사용하는 경우도 있다. 그는 높은 사람들과 사이가 좋지 않은 연예계의 문제아였다. 나는 그의 악명을 익히 알고 있었다. 그는 내 사무실로 들어오자마자 나를 시험하려 했다. 욕설을 속사포처럼 퍼부어 내게 충격을 주려 했던 것이다.

하지만 충격 받은 사람은 내가 아니라 그였다. 나는 평소에는 욕을 잘 하지 않지만 그날은 그의 욕설에 욕으로 응수했던 것이다.

내 욕을 듣자마자 그는 만면에 미소를 띠었다. "아주 멋있으신데요." 그때부터 우리는 굉장히 가까워졌다. 나를 시험해 본 다음, 내가 경직된 사람이 아니고 자신을 비판하지 않는다는 것을 안 그가 나를 편안하게 여겼기 때문이다.

불량배나 지배욕구가 있는 사람들은 우위를 차지하기 위해 거친 말을 한다. 내 상담자처럼 남을 시험하기 위한 경우도 있고, 상대방의 반응을 떠보면서 관심을 끌기 위해 욕을 하는 경우도 있다. 이들은 학교에서 돌아오자마자 싫은 일을 시키는 부모에게 상스러운 욕을 하는 5~6세의 아이와 비슷하다. 부모는 충격을 받고 화를 내며 "다시는 그런 식으로 말하지 말라."고 꾸중할 것이다. 아이는 이 사소한 말이 그렇게나 거센 반응을 일으킨다는 것을 알고 깜짝 놀란다. 그 후 아이는 욕설이 부정적이기는 하지만 어떤 반응을 일으킨다는 것을 알고 욕과 권력을 연결시킨다. 아이는 성장하면서 욕설에 엄청난 힘이 있음을 알고 의도적으로 사용한다.

지금까지는 언어 코드를 분석했다. 이제 음성 코드로 넘어가 보
도록 하자.

02 음성 코드 이해하기

한 사람의 음성 코드를 정확하게 분석하기 위해서는
목소리의 19가지 요소를 깨달아야 한다.

1. 톤이 너무 높다.
2. 들리지 않을 만큼 목소리가 작다.
3. 목소리가 떨린다.
4. 목소리가 너무 크다.
5. 지나칠 정도로 흥분하며 말한다.
6. 말이 너무 빠르다.
7. 화난 사람처럼 말한다.

8. 뚝뚝 끊어서 말한다.

9. 공격적으로 말한다.

10. 말끝을 흐려서 거의 들리지 않는다.

11. 입을 크게 벌린 채 콧소리를 낸다.

12. 입을 다문 채 콧소리를 낸다.

13. 목소리가 귀에 거슬리고 짜증난다.

14. 목소리가 지루하고 따분하게 들린다.

15. 지나칠 만큼 달콤하게 말한다.

16. 말을 끝낼 때 목소리가 올라간다.

17. 신중하고 천천히 발음한다.

18. 어색할 만큼 섹시한 목소리를 낸다.

19. 목소리가 깊고 풍부하며 열성적이다.

❖ 목소리는 영혼의 거울이다

의사가 피 한 방울로 몸 상태를 알 수 있는 것처럼, 목소리만으로도 심리상태를 파악할 수 있다. 목소리는 자기 자신과 주변 상황에 대한 감정을 보여 준다. 생각과 감정은 언어뿐 아니라 음색을 통해서도 전달된다. 따라서 사람들의 성격을 정확하게 평가하기 위해서는 목소리와 말을 분석하는 음성 코드 분석이 필수적이다.

목소리는 마음과 정신상태, 그리고 상대방에 대한 느낌을 말해 준다. 프레드가 시큰둥한 목소리로 "다음에 전화할게요." 라고 말했을 때, 로잔느는 다시는 그의 목소리를 들을 수 없으리라는 것을 깨달았다. 그것은 둘의 첫 번째이자 마지막 데이트였고 로잔느의 느낌은 정확했다.

전화를 하다 보면 상대방의 목소리로 분위기를 느끼곤 하는데 그것은 바로 억양 때문이다. 사람들이 잘 눈치채지 못하는 미묘한 차이가 크고 선명하게 느껴지는 것이다.

머리와 가슴속에 있는 것은 대부분 목소리에 반영된다. 목소리의 미묘한 느낌을 읽을 수 있다면, 상대방과의 관계에서 좀 더 유리한 입장을 차지할 수 있을 것이다.

예를 들어 목소리를 듣고 상대방의 기분이 나쁘다는 것을 간파했다면, 조금 양보하고 좀 더 친절하게 말하거나 무슨 일이 있느냐고 물어봄으로써 상대방의 가슴을 열게 할 수 있다. 목소리로 감정상태를 파악하면 대화의 통로를 열 수 있다.

의사소통의 음성 코드를 분석하기 전에 인간의 의사소통 능력이 어떻게 진화됐는지를 살펴보자.

❖ 목소리는 거짓말을 하지 않는다

목소리는 마음속의 생각과 감정을 이어주는 통로다. 목소리는 감정과 관련된 두뇌 부위와 연결되어 있기 때문에, 어떤 감정이 일어났을 때 음성 변화를 감추기는 어려운 일이다. 목소리와 감정은 밀접하게 연결되어 있어서 불행한 사람의 목소리는 무기력하거나 생기가 없다. 반대로 행복한 사람들의 목소리는 생기 있고 경쾌하다.

테리에게 약혼자가 생긴 것을 알고 "정말 잘 됐다, 축하해."라고 말하는 랜디의 목소리는 단조롭고 우울했다. '좋은 친구' 테리의 일에 기뻐하는 듯한 분위기는 전혀 없었다.

많은 연구논문을 보면, 음성과 말투로 사람들의 성격과 의식을 추론할 수 있다고 한다. 목소리가 맑게 울리는 사람들은 지적이고 인기가 많다. 직장생활에서도 성공하고 연애와 결혼 상대자로도 인기 있다. 친절하고 매력적이며, 믿음직하고 친절한 인상을 준다.

언어장애를 겪는 사람들은 대부분 부정적인 이미지로 비치고 사회에서도 인정받지 못한다. 또한 목소리가 큰 사람을 목소리가 작은 사람들보다 호감이 덜 가고 오만하다고 여기곤 한다.

외모와 목소리의 상관관계를 살펴보자. 한 연구에서 말을 더듬는 사람들이 외모와 관계없이 부정적으로 인식된다는 것을 증명했다. 마찬가지로 얼굴이 못생겼을 때는 콧소리가 더 크게 인식된다.

나는 《구강 및 안면 이상 환자들의 외모가 언어에 미치는 영향》이라는 미네소타 대학에서의 박사학위논문을 통해 말투가 외모에 큰 영향을 미친다는 것을 보여 주었다.

얼굴은 못생겼지만 목소리가 좋은 사람은, 잘생기고 목소리가 나쁜 사람보다 훨씬 매력적인 사람으로 인식된다. 외모를 평가할 때 언어 장애는 큰 문제가 되지 않는다. 하지만 잘생긴 사람도 목소리가 나쁘면 덜 매력적으로 보인다.

잘생긴 사람을 보고 끌렸다가 그 목소리를 듣고 환상이 깨지는 경험을 한 번쯤은 해 보았을 것이다. 좋든 싫든 목소리가 나쁜 사람을 보면 다소 맥이 빠진다. 그 이유는 음성 코드가 신경생리학적인 경험이기 때문이다. 사람들은 소리에 본능적으로 반응한다.

사람들이 내는 모든 소리도 마찬가지다. 고대 그리스 철학자부터 모든 주요 종교와 프로이트의 저술에 이르기까지, 내면의 생각은 목소리와 말투에서 드러난다고 했다. 목소리와 성격의 상관관계를 연구해 왔던 학자들이 이 사실을 증명한 바 있다.

자신의 감정을 솔직하게 표현하지 않거나 괴로움의 원인을 외면하면, 두통, 요통, 복통, 피부병, 궤양, 종기, 심지어 암에 걸릴 수도 있음은 주지의 사실이다. 목소리를 들으면 상대방이 동요하고 있는지 그렇지 않은지도 알 수 있다. 간혹 감정이 느껴지지 않는 목소리도 있지만, 대부분은 성대가 긴장하고 쉰 목소리가 나온다.

음질, 말투, 음색으로 음성적 단서를 파악할 수 있다. 직접 얼굴을 맞대고 얘기하든 전화로 얘기하든 간에 목소리에는 사람들을 재빠르게 판단할 수 있는 결정적인 특징이 존재한다.

대부분의 사람들은 상대방의 감정상태를 60~65% 정도 파악할 수 있다. 상대방의 말에 귀를 기울이면 확률은 더욱 높아진다. 이 정보는 뇌의 깊숙한 부분에 있는 감정적 부분, 즉 대뇌변연계에 포착된다. 이 정보는 분석적인 좌뇌 혹은 우뇌에도 저장되어 필요할 때마다 꺼내 쓸 수 있다. 그러면 사람들의 음성 패턴을 좀 더 본능적으로 파악할 수 있고, 사람들을 대할 때 자신의 본능을 더 많이 신뢰할 수 있을 것이다.

✦ 예외적인 음성 코드 해부

성격이나 심리상태와 관계없이 독특한 패턴의 음성 코드를 보이는 사람들이 있다. 이것은 학습이 되었거나 유전적으로 물려받은 것이다.

예를 들어 좋지 않은 역할 모델과 습관 때문에 나쁜 음성 습관을 갖게 된 사람도 있다. 부모가 아이에게 큰 소리로 말하고 모질게 소리쳤다면, 아이도 부모를 따라 동료나 애완동물들에게 똑같이 소리칠 것이다. 한편, 청각적, 음성적 문제 때문에 크게 말할 수밖에 없는 경우도 있다.

아래의 음성 패턴을 포착하면 절대로 가볍게 생각하지 마라. 다음 조건들을 살펴보고 상대방을 좀 더 잘 이해하기 바란다.

🕴신경질환인 경우

신경질환 때문에 말년의 캐서린 헵번처럼 목소리가 떨리거나 파킨슨병에 걸린 알리처럼 말이 느리고 발음이 나쁘며 목소리가 작아질 수 있다.

중풍이나 그 밖의 신경질환을 앓는 사람들처럼 호흡기관과 발성기관을 조절하기 어려운 사람들은 말을 할 때 갑자기 크게 말하다가 또 어느 순간에 들리지도 않을 정도로 말끝을 흐린다. 말을 더듬는 것도 신경질환 때문일 수 있다.

턱이 기형인 경우

턱의 기형이나 부정교합 등의 원인으로 혀의 위치가 바르지 못해 침을 삼키기 어려워 발음이 부정확할 수 있다.

청각장애인 경우

청각장애 때문에 특정 발음이 부정확할 수 있다. 마찬가지로 독특한 억양이나 사투리 때문일 수도 있고, 또 다른 원인 때문일 수도 있다.

목소리가 작은 것 역시 청각문제 때문일 수 있다. 반대로 지나치게 크게 말하는 것은 중이(中耳)에 귀지나 분비물 등이 쌓여 소리가 들리지 않기 때문일 수 있다.

치아와 구강 문제의 경우

자신의 치아 모양과 상태를 의식해서 입을 충분히 벌리지 않기 때문에 웅얼거리거나 콧소리를 낼 수도 있다. 또 언청이로 태어났거나 말할 때 인두와 연구개가 닿지 않기 때문에 콧소리를 내는 경우도 있다.

🤸 지역적 · 문화적 차이인 경우

목소리가 큰 것은 문화적 현상 때문일 수 있다. 중국인들이 중국어의 억양으로 영어를 말할 때 비록 작게 말하더라도 서양인들에겐 크고 공격적으로 들리는 경향이 있다. 목소리가 작은 것도 문화적 현상일 수 있다. 일본 자체가 해양 국가이기 때문에 모든 소리가 공기 중으로 잘 울려 퍼진다. 따라서 사람 말소리도 조용조용 작게 말해도 잘 들린다. 이런 이유로 일본 남자들이 작게 말하는 여성들을 좋아한다. 반면에 대륙성이 짙은 서양인들은 목소리가 작은 여자들을 싫어한다.

🤸 해부학적, 생리적, 병리적 관계인 경우

종기나 암 등 성대 문제 때문에 쉰 목소리가 나올 수 있다. 또 과도한 음주 및 흡연 탓일 수도 있다. 말을 할 때 고통스럽고 불편하기 때문에 발성 기관을 조이고 목소리가 떨리는 것이다.

호흡문제 때문에 쉰 목소리가 나올 수도 있다. 천식, 기관지염, 혹은 폐 기능장애가 있는 사람은 말을 할 때 공기의 흐름을 조절하기 어렵다. 이들은 말을 할 때 숨을 얕게 쉰다. 쉰 목소리는 상대방을 불편하게 만들지만 그것을 고치기란 쉽지 않다. 말끝을 흐리거나 빨리 말하는 것도 호흡기관 때문일 수 있다.

목이나 코에 문제가 있는 사람들은 기침을 자주 한다. 이런 사람들은 가능한 한 빨리 많은 정보를 전달하려 하기 때문에 말이 빨라진다. 또한 음성기관이 작거나 기형, 혹은 후두에 심각한 문제가 있을 때에는 톤이 높아진다.

발성 관련 근육이 지나치게 긴장되고 경련성 언어장애가 있는 사람들은 말하기를 어려워하고 호흡이 고르지 않은 경우가 대부분이다.

약물을 복용하는 경우

마약과 같은 약물을 복용하는 사람들도 호흡기관과 발성기관이 제대로 조절되지 않기 때문에 갑자기 목소리가 떨리거나 커진다. 마약이나 신경안정제를 복용하는 사람들은 말이 느리거나 말하기 전에 잠시 머뭇거리는 경향이 있다. 그것은 기억력이 짧다는 의미다. 특정 간질병 약을 복용하면 기억력이 감퇴할 뿐 아니라 떨리고 불안정한 목소리를 낼 수도 있다.

진정제나 헤로인을 복용하면 말이 느려지고, 반대로 각성제와 코카인을 복용하면 굉장히 빨라진다. 코카인 같은 마약을 복용하면 코에 심각한 손상이 나타나 공기가 빠져나가고, 그로 인해 콧소리가 나기도 한다. 그 밖에 계속 코를 훌쩍이거나 킁킁거리고 코를 푸는 것이 원인일 수도 있다.

상대방의 성격이나 행동을 평가하기 전에 반드시 이 모든 요인을 고려해야 한다. 다른 사람의 목소리를 들을 때 그 사람이 어떤 스트레스나 막중한 부담감을 가지고 있는지를 생각해 보고, 가능한 한 여러 상황에서 오랜 시간 상대방을 관찰하는 것이 가장 좋다.

✛ 음성적 단서의 분석

음성 코드는 어조(너무 빠르다, 흥분한다, 말을 끊는다, 생기가 없다, 경박하다, 너무 느리다, 음조를 바꾼다, 말끝을 올린다, 풍부하다), 목소리의 높낮이와 목소리의 크기(크다, 작다, 혹은 말끝을 흐린다), 음색(떨린다, 쉰 목소리다, 귀에 거슬린다, 갑자기 크게 말한다, 짜증스럽다, 콧소리를 낸다, 숨이 가쁘다)의 4가지 범주에서 분석해야 한다. 음성적 단서를 분석한 다음의 여러 음성 코드를 알아보도록 하자.

1. 깊고 풍부한 음성을 지닌 매력적인 목소리

적당한 음색을 가진 목소리보다 더 좋은 것은 없다. 남녀를 막론하고 풍부한 음성은 매력적인 목소리로 여겨진다. 이런 목소리는 세련되고 섹시하며 정서적인 안정감을 준다. 생기 있고 활력이 넘치는 목소리는 상대방의 관심을 끌기에 충분하다. 높낮이와 크기가 다양할 뿐 아니라 어조와 음색에 자신감이 넘치기 때문에 사랑과 분노, 기쁨과 열정, 슬픔, 공포와 의심 등 다양한 감정을 목소리에 실어 전달한다.

또한 이런 목소리는 자기 자신과 상대방에게서 최고의 능력을 끌어내기 때문에 자석처럼 주위 사람들을 끌어당긴다. 자신감 있는 어조는 상대방에게도 자신감을 주며 신뢰를 바탕으로 대화할 수 있게 만든다. 이런 목소리를 가진 사람들은 믿음직하고 호감을 갖게 하며, 지적인 사람이라는 평가를 받는다.

고(故) 영화배우 리처드 버튼은 풍부하고 당당한 목소리 덕에 광고주들의 인기를 한몸에 받았다. 그리고 믿음직한 사람으로 평가받으면서 자신의 매력을 한껏 발산할 수 있었다.

풍부한 음색으로 생기 있게 말하는 사람들도 그렇지 않은 사람들에 비해 훨씬 매력적으로 보인다.

2. 지나치게 높은 목소리

남녀를 불문하고 화가 나거나 자신감이 없을 때에는 발성 근육이 긴장되기 때문에 목소리가 높아진다. 화가 날 때 목소리가 높아진다는 사실은 이미 여러 차례 입증된 바 있다. 따라서 어떤 사람이 계속해서 고음으로 말한다면 그 사람은 감정조절 능력이 부족하고 풀리지 않는 분노, 마음의 격분, 혹은 공포 상태에 머물러 있음을 암시한다.

수년간 나는 수천 명의 상담자와 이 문제를 해결하기 위해 노력했다. 물론 기계적인 훈련도 하지만 가장 중요한 것은 자신감을 길러주는 것이다. 새로운 인생을 살고 싶을 때에는 이러한 심리 치료가 반드시 필요하다.

따라서 적당한 목소리를 만들기 위한 훈련과 심리치료를 병행한다면 목소리가 지나치게 높다는 오명은 얼마든지 씻을 수 있다.

3. 지나치게 낮은 목소리

성대가 굵거나 발성기관이 넓은 사람들은 일반적으로 목소리가 낮다. 많은 사람이 저음의 목소리를 매력적이라고 생각하지만 지나치게 낮으면 억지로 꾸민 것처럼 들린다.

대부분의 남자들이 지나칠 정도로 목소리를 내리간다. 평소에는 낮게 말하다가 가끔씩만 목소리를 높이면 남자답고 진지하게 보이리라 생각하기 때문이다. 또 목소리를 낮게 깔면 사람들이 좀 더 존중해 주고 자기 말에 귀를 기울일 것이라고 여기기 때문이다.

한 상담자가 생일선물로 언어와 의사소통 능력을 평가해 보라며 남자 친구를 내게 보냈다. 그는 처음에 내게 상담받는 것을 꺼렸다. 그렇지 않아도 목소리가 좋은데 무엇 때문에 카운슬러에게 도움을 받느냐는 것이었다. 하지만 여자 친구가 이미 돈을 지불했기 때문에 약속대로 나를 찾아왔다.

사무실에 들어온 그는 저음으로 말했다. 그러면서 자신의 낮고 매력적인 목소리가 여성들을 흥분시킨다고 생각한다고 했다. 그 남자는 자신의 매력적이지 않은 목소리 때문에 내게 보내졌다고는 상상도 하지 않았다. 그녀는 남자 친구의 목소리가 불쾌하고 거만하다고 생각했다. 사람들의 시선 때문에 공공장소에 남자 친구와 같이 다니려 하지 않았다. 그렇다고 그에게 목소리에 대해 대놓고 말할 수 없었기 때문에 내게 악역을 떠맡겼던 것이다.

그는 자기 모습이 담긴 비디오테이프를 보면서 자신의 목소리를 듣고 난 뒤 마침내 이해할 수 있었다. 더 이상 목소리를 깔기 위해 애쓸 이유가 없었다.

나는 그에게 적당한 목소리를 찾는 방법을 가르쳐 주면서 좀 더 자연스럽게 말하도록 유도했다. 그러면서 자신감 개발 프로그램을 병행해 목소리를 한결 좋게 만들어 주었다.

4. 지나치게 큰 목소리

크게 말하는 사람들은 관심 끌기를 좋아하고 그 때문에 최대한 목소리를 높이는 경향이 있다. 이들은 거만하고 남을 배려할 줄 모르며 경쟁심이 강하고 적개심이 많다.

샌프란시스코 캘리포니아 대학의 매튜 맥케이 박사와 마르타 데이비스 박사에 따르면, 목소리가 큰 사람은 그 거만한 태도처럼 "내가 지휘자다. 내 말대로 하라."고 말하는 사람과 같다고 했다.

목소리가 큰 사람들은 공격적이고 큰 목소리로 타인과 자기 자신에 대한 내적 공격성을 표현한다. 또한 이들은 대가족에서 자라난 경우가 많다. 그 속에서 자기 자신을 보호하고 형제자매들 사이에서 자신의 말을 하기 위해서는 목소리를 높일 수밖에 없기 때문이다. 이들의 대부분은 정서적으로 불안정한 경우가 많다.

중이(中耳)의 분비물이나 귀지 때문에 귀가 잘 들리지 않는 한, 자신의 목소리 크기를 의식하지 못하는 경우는 거의 없다. 청각이 손실된 경우가 아니라면 크게 말하는 사람은 화를 내고 있음이 틀림없을 것이다. 큰 목소리는 무의식적으로 특정 인물에 대한 불만의 표현일 수도 있다. 또한 불안감이 클수록 목소리는 더욱 커지기 마련이다.

5. 지나치게 작은 목소리

목소리가 작은 사람들은 주위의 이목을 끌 수밖에 없다. 크게 말해 달라는 요구를 자주 듣기 때문이다. 그러나 목소리가 작은 사람은 이렇게 관심 받는 것을 좋아하고, 자신의 말을 듣기 위해 상대방이 긴장하는 모습을 좋아한다. 똑같은 말을 다시 해달라는 사람에게 오히려 화를 내고 그렇게 해서 우위를 차지하는 데 성공한다. 하지만 이들의 목소리를 크게 하는 법을 아는 사람도 있다.

캐시는 마르시의 수줍음에 신물이 났다. 들릴 듯 말 듯한 목소리 때문에 사람들은 항상 그녀에게 크게 말해 달라고 해야 했다. 한 회의시간에 누군가가 여지없이 마르시에게 목소리를 크게 해달라는 말을 하자, 결국 캐시는 이렇게 말했다. "마르시는 신경 쓰지 마십시오. 그녀는 말을 못합니다. 무슨 얘길 하건 한마디도 들리지 않을 것입니다. 그러니 의문이 있다면 제게 질문하십시오."

마르시는 화를 버럭 내며 캐시가 처음 듣는 가장 큰 목소리로 "무슨 말씀이십니까? 저도 말을 할 수 있습니다!"라고 소리쳤다. 그 후 마르시는 최소한 캐시 앞에서 다시는 '수줍은 사람'이라는 전략을 쓰지 않았다.

목소리가 작은 사람들은 겉보기와 다르다. 다른 사람들이 자신을 수줍음이 많고 순진하며 예의 바른 사람으로 생각하길 바란다. 하지만 사실 이들은 화를 잘 내고 공격적인 사람들이다.

20년 동안 나는 일부러 목소리를 작게 내는 사람들을 무수하게 보았다. 겉보기엔 유약하고 유순해 보이지만, 그 속에는 분노가 잠재되어 있다. 목소리가 작은 사람을 조심하라. 많은 사람들처럼 머지않아 이들이 위험하다는 것을 알게 될 것이다. 이들은 목소리처럼 약하지 않은 사람들이다.

목소리와 감정에 대해 연구한 학자들은 목소리가 작은 사람들의 내면에 슬픔이 있음을 발견했다.

6. 말끝이 흐려지는 목소리

말끝을 흐리는 사람들은 목소리가 작은 사람들과 달리 교묘하게 남을 조종하거나 우위를 차지하려 하지 않는다. 대신 시작은 좋지만 끝에 가서는 방향을 잃기 때문에 확실한 결말을 맺지 못하는 경우가 종종 생긴다. 생활방식도 비슷해서 시작만 하고 끝을 맺지 못하는 경향이 있다. 나는 이런 목소리를 가진 상담자들을 무수히 관찰해 왔다. 이들은 자신감이 없기 때문에 좌절감을 느끼고 임무를 완수하지 않는 경향이 있었다.

모리는 프레젠테이션을 준비하면서 내 도움을 구했다. 공개적으로 연설하는 것은 이번이 처음이었기 때문에 많이 고민했다고 한다. 그는 풍부하고 더 없이 좋은 저음의 목소리를 갖고 있었지만, 말끝을 흐리는 경향이 있어서 말의 끝 부분이 잘 들리지 않았다.

나는 그에게 일을 시작하기만 하고 마무리는 하지 않는 편이냐고 물어보았다. 그는 미소를 지으며 대답했다. "평생 그랬지요. 제 아파트를 보셔야 하는데. 어찌나 지저분한지, 파출부도 어디서부터 손을 대야 좋을지 모르겠다고 하더군요. 대학을 졸업하는 데에도 8년이나 걸렸답니다. 친구들은 제가 과연 졸업을 할 수 있을지를 놓고 내기도 했어요. 직장에서도 프로젝트를 마무리하기가 힘들었지요. 사실 선생님이 도와주신 프레젠테이션도 무사히 마칠 수 있을지 모르겠습니다."

나는 음성패턴에 그런 행동이 반영되고 있으니 목소리와 행동을 바꾸자고 제안했다. 숨을 들이쉬고 힘차게 울리는 목소리를 통해 자기 생각을 표현하고, 하고 싶은 말을 모두 마칠 때까지 잠시 멈추었다가 숨을 들이쉰 다음 천천히 자기 생각을 말하라고 했다.

연습을 시작하자 그는 멋진 목소리를 내기 시작했고 말끝이 흐려지던 습관이 사라지면서 훌륭하게 프레젠테이션을 마쳤다. 이후 나는 숨을 들이쉬었다가 내뱉는 이 전략을 임무 완수에도 이용할 수 있도록 가르쳤다. 그의 목소리는 그의 인생까지 바꾸어 놓았다. 생전 처음으로 마무리를 한 일이 엄청난 결과를 낳았기 때문이다.

7. 공격적인 목소리

공격적인 목소리를 가진 사람들은 경쟁심이 강하다. 그래서 대화를 나누는 도중 종종 분통을 터뜨리곤 한다. 상대방은 갑작스럽게 돌변한 상황으로 인해 당황하거나 깜짝 놀랄 것이다.

예를 들어 보자. 주말에 있었던 일을 편안하게 얘기하고 있을 때 공격적인 목소리를 가진 사람이 느닷없이 큰 소리를 낸다면 마치 시비를 거는 것처럼 들릴 것이다. 결국 즐거워야 할 시간은 괴로워지고, 공격적인 분위기가 상황을 압도할 것이다.

이들은 편안하게 대화를 나눌 때조차 항상 '적'을 이기려 덤벼드는 사람 같다. 그렇기 때문에 먼저 목소리로 공격하고 유리한 입지를 차지하려 하는 것이다.

8. 흥분한 듯한 목소리

앨리스는 따발총처럼 쉴 새 없이 지껄였다. 그녀는 항상 무슨 일에나 흥분했고, 그녀의 인생은 롤러코스터처럼 숨 가빴다. 아무리 사소한 일도 앨리스에겐 대단한 일이었고, 그녀는 속사포처럼 자기 말을 전달했다. 언뜻 보면 앨리스는 귀엽고 매력적이며 활기찼다. 그녀와 함께라면 언제나 즐거울 것처럼 보였다. 하지만 흥분에 찬 그녀의 말을 듣다 보면 사람들은 금세 지치곤 했다.

앨리스는 상대방이 다른 곳으로 관심을 돌리려 하거나 고민을 털어놓으려 하면, 상대방이 자신에게 해 주었던 것만큼 공감하지 않았다. 바로 화제가 자신과 무관하면 듣지 않았던 것이다.

이처럼 앨리스와 같이 말이 빠르고 흥분한 듯 말하는 사람들이 모두 정서적, 정신적 문제를 갖고 있다는 얘기는 아니다. 이런 사람들은 다른 사람들을 흥분시킬 수 있는 장점을 가지고 있다. 즉 사람들을 어떤 일에 적극적으로 참여하도록 유도할 수 있다. 또한 이들은 무슨 일이든 재미있게 이야기한다. 항상 지칠 줄 모르는 에너지와 열정을 갖고 있기 때문에 보고 있으면 재미있다.

어쨌든 이들은 자신이 무슨 말을 하는지 모르는 경우가 많고 상대방의 금전적, 정서적 이익에는 관심이 없을 수도 있으니 이들 때문에 해서는 안 되는 일에 이용당하지 않도록 조심해야 한다.

9. 화를 내는 듯한 목소리

화를 내는 듯한 목소리는 반발심을 일으켜 싸움까지 벌어질 수 있다. 주로 어깨에 힘이 들어간 사람들이 화를 내듯 말하는데, 이들은 싸움이나 문제를 찾아다닌다. 언제든 남을 비난할 준비를 하고 있으며, 피해의식을 품고서 비난의 대상을 물색한다.

목소리가 날카로운 사람들은 자주 다른 사람을 말로 공격한다. "어디 나를 한번 이겨 보시지!", "내가 싫어하는 짓을 하거나 말하기만 해 봐. 가만두지 않을 테니!"라고 외치는 것 같다. 화를 내는 듯한 목소리는 짜증스럽게 들리며 상대방에게서 격한 반응과 함께 불쾌감을 불러일으킨다. 이유도 없이 공격받는다고 느끼기 때문이다.

이들은 마음속에 화염방사기를 갖고 있는 것과 같다. 뭔가 마음에 들지 않으면, 그 즉시 입에서 불을 내뿜어 무엇이든 태워 버린다. 화를 내는 듯한 목소리를 가진 사람을 대할 때에는 부디 말로 입는 3도 화상을 피하기 위해 가능한 한 멀리 떨어져 있으라고 충고하고 싶다.

10. 시큰둥한 목소리

이렇게 말하는 사람은 무관심하고 냉정하며 불안정해 보인다. 이런 인상은 사실과 크게 다르지 않다. 이들은 자기감정에 무심하고 사람들과 지나치게 가까워질 것을 두려워한 나머지 상대방과 정서적, 언어적 거리를 유지한다.

이러한 목소리는 우울증이나 내면의 슬픔을 반영한다. 이들은 부족한 자신감과 두려움을 들키지 않기 위해 사람들과 일정한 거리를 유지하려 무관심한 목소리로 상대방과 거리를 두는 것이다.

"그 사람 좀 이상한 것 같지 않아? 도대체 맘에 안 들어. 숨이나 쉬는지 모르겠어, 꼭 시체 같다고. 그 사람과 얘기하고 있으면 꼭 벽에다 대고 말하는 것 같아."

존은 화장실에서 우연히 자신을 두고 이렇게 말하는 사람들의 대화를 엿들었다. 존이 운영하는 회사는 최근 운영난에 허덕이고 있었다. 하지만 더 큰 문제는 존의 인간관계였다. 아무도 그를 진심으로 좋아하지 않았고, 존은 그 이유를 알 수 없었다. 하지만 화장실에서 엿들은 대화중에서 자신의 무심한 목소리가 원인이었음을 알게 되었다.

시큰둥하게 말하는 사람들은 대부분 상대방을 화나게 만든다. 무슨 말을 하는지 이해하기 힘들고, 아무런 반응이 없어 맥이 빠지기 때문이다. 이런 사람이 곁에 있으면 어떤 식으로든 반응을 얻기 위해 좀 더 활기차게 이야기하지만 상대방이 아무런 반응을 보이지 않으면 결국 지쳐 버리면서 거부당한 듯한 느낌에 화가 날 것이다.

시큰둥한 목소리를 가진 사람들은 하고 싶은 말을 솔직하게 전달하지 못함으로써 비열하다거나 정직하지 못하다는 오해를 받는 경우가 많다.

11. 지나치게 감미로운 목소리

목소리가 지나치게 감미로운 사람들은 겉말과 속말이 다른 경우가 많다. 따라서 지나치게 감미롭게 말하는 사람은 믿기 어렵다. 잠시 동안은 상대방을 기분 좋게 만들기도 하지만 이들은 진실하지 않기 때문에 금방 신뢰를 저버리게 만든다.

감미로운 목소리를 듣게 되면 반드시 귀를 열어두어야 한다. 그 주전자 속에는 엄청난 열기가 부글부글 끓고 있기 때문이다. 이중적인 메시지와 일관성 없는 행동에 귀를 기울이고, 이들은 말과 행동이 다르다는 것을 명심해야 한다.

12. 말끝이 올라가는 목소리

이런 목소리는 어투는 무슨 말을 하든 질문하는 것처럼 들린다. 자기 이름을 말할 때조차 말이다. "안녕하세요? 전 메리 존스인데요? 캔자스시티에서 왔어요?" 남자보다 여자가 이런 식으로 말하는 경우가 많다.

나를 찾았던 한 상담자는 12년 동안 같은 회사에서 일하고 있었다. 그녀는 번번이 승진에서 탈락했는데 도무지 이유를 알 수 없다고 했다. 그러나 그녀를 보자마자 나는 그 이유를 분명히 알 수 있었다. 그녀의 목소리를 들으면 신입사원 같았던 것이다. 실제로 그녀의 입에서 흘러나오는 말은 대부분 허락을 구하거나 질문 투의 말이었다. 상담을 하다 보니 자신이 막중한 책임감을 감당할 수 있을지 확신하지 못했다.

그녀는 이혼 후 혼자 아이들을 기르고 있었다. 때문에 힘겹게 많은 일을 감당해야 했다. 말끝이 올라가는 경우와 질문하는 듯한 억양은 자신에 대한 회의감을 반영하고 있었다.

그녀는 상담하면서 자신감을 높이도록 많은 노력을 기울였기 때문에 더 이상 질문하듯 억양을 높이지 않았다. 일에 대해서도 자신감을 가지고 더 큰 책임감을 받아들였으며, 자녀를 돌봐 줄 사람을 고용했다.

말끝을 올리는 사람들을 보면 또래 집단과 어울리기 위해 버릇이 생긴 경우도 있고, 소속감을 느끼기 위한 경우도 있다.

누구나 적당한 높이의 목소리와 맑은 음색으로 말하는 법을 습득

할 수 있다. 또 대화를 나눌 때 좀 더 적극적이고 감정적으로 솔직해질 수도 있다. 그러면 사람들은 당신을 강하고 재미있는 사람으로 인식할 것이며, 나아가 직장생활이나 사회생활에서의 성공을 가져다 줄 수도 있을 것이다.

몸짓언어 코드 이해하기

I Know What You're Thinking

몸짓언어 코드는 다양한 환경과 상황에서 구체적인 의미를 전달하는 동작, 제스처, 버릇 등을 모두 의미한다. 상대방의 말에 신중하게 귀를 기울이고 더불어 그의 몸짓과 얼굴까지 살펴보면 더 많은 것을 알게 될 것이다. 그들이 거짓을 말하는지 진실을 말하는지, 당신을 좋아하는지 싫어하는지를 알게 될 것이다. 그리고 그들의 말이 액면 그대로인지 과장된 것인지를 알게 될 것이다.

이제 여러 몸짓언어 코드를 살펴보고 특정 움직임이나 자세, 뉘앙스의 진짜 의미가 무엇인지 살펴보도록 하자.

▶ 유명인사의 몸짓언어 읽기

상원의원 존 매케인은 당시 주지사였던 조지 부시와 공동 기자회견을 열어 부시 대통령 후보가 당선될 수 있도록 노력하겠다고 발표했다. 하지만 존 매케인의 말과 몸짓은 다른 말을 하고 있었다. 치열하게 경합하면서 상처받은 자존심과 비통함이 얼굴에 쓰여 있었던 것이다. 매스컴은 이것을 간파하고 매케인의 언행이 일치하지 않는다고 보도했다. 더 자세히 말해 부시 앞에 섰을 때 매케인의 몸이 긴장되고 뻣뻣해지는 것을 보았던 것이다.

몇 년 전 「코스모폴리탄」 지에 연예인 부부의 사진을 보고 그들의 몸짓언어를 분석해 계속 같이 살 부부와 곧 헤어질 커플을 예상하는 글을 기고한 적이 있다. 짐 캐리와 로렌 홀리, 브룩 실즈와 테니스 스타 안드레 아가시, 파멜라 앤더슨과 가수 토미 리가 분석 대상이었다.

사진 속의 로렌 홀리는 짐 캐리와 다정하게 손을 잡고 있었다. 그렇지만 손을 놓으면 둘의 관계도 끝날 것 같은 절박함이 엿보였으며, 긴장된 팔과 손의 근육이 그것을 뒷받침해 주고 있었다. 여러 장의 사진에서도 짐 캐리는 로렌을 외면한 채 카메라와 팬들을 바라보고 있었다. 그들 사이는 이미 파국으로 치닫고 있었던 것이 분명했다. 캐리는 아내 쪽으로 몸을 기울이지 않았고, 둘 사이에는 긴장감이 흘렀다. 그래서 얼마 후 둘이 이혼했다는 기사를 보고도 나는 그리 놀라지 않았다.

브룩 실즈와 안드레 아가시의 몸도 눈에 띌 만큼 긴장되어 있었다. 그 사진은 안드레와 새 애인 슈테피 그라프의 것과 전혀 달랐다. 안드레와 그라프는 여유 있고 편안해 보였으며, 서로 몸을 기울여 둘 사이의 애정을 과시했다.

파멜라와 토미 리는 처음에는 천생연분 같았다. 사진을 찍을 때마다 둘은 가슴과 골반을 밀착하고 있었다. 맨 처음 같이 찍은 사진만 보면 둘 사이가 너무나 뜨거워 사랑의 열기가 식으면 어떻게 될지 걱정스러울 정도였다. 그러나 말도 많고 탈도 많은 두 번의 결별을 겪은 지금, 둘의 재결합은 불가능해 보인다.

이제 비즈니스나 일상에서 상대방을 새로운 관점에서 세세히 관찰해 보라. 상대방의 움직임과 자세에서 서로에 대한 진짜 감정이 나타날 것이다.

과거에 토크쇼 사회자로 이름을 날렸던 캐시 리 기포드가 바람을 피운 남편을 용서했다는 기사가 보도된 적이 있었다. 하지만 방송에 출연한 부부를 본 나는 전혀 반대의 의미를 읽을 수 있었다. 남편과 나란히 앉아 다이앤 소이어와 인터뷰를 하는 그녀는 입을 꾹 다물고 적의에 찬 표정으로 턱을 내민 채 앉아 있었다. 시청자들에게 믿어 달라고 말하는 달콤하고 관대한 음성과는 큰 대조를 이뤘다.

프랭크의 말 또한 몸짓언어와 일치하지 않았다. 그는 캐시를 쳐다보지도 않았고 아무 감정도 없이 앉아 있었다. 캐시가 남편의 손을 잡으며 사랑의 제스처를 보내도 모른 체했다. 그가 보내는 무언의 메시지는 "잠깐 바람 좀 피웠다고 공개적으로 창피를 준 캐시에게 화가 나 있다!"는 것이었다.

❖ 몸짓은 거짓말을 하지 않는다

몸짓은 자기 자신과 상대방에 대해 많은 것을 말해 준다. 몸짓, 자세, 몸의 위치는 중요하다. 이러한 신호는 억제된 감정을 밖으로 표출하려는 것이기 때문이다. 실제로 감정을 감추려 할 때마다 혈압이 올라간다는 연구 결과도 있다.

앞에서 얘기한 것처럼, 모든 자세와 동작은 본인이 의식하든 못하든 간에 감정을 정확하게 전달한다. 몸짓이 '진짜' 감정을 드러내기 때문이다.

닉슨 대통령은 몸짓언어를 통해 자신의 감정을 적나라하게 보여주었다. 그는 난감한 질문을 받으면 불편한 심기를 그대로 보이면서 질문한 사람의 반대쪽으로 고개를 돌렸고, 가능한 한 그 사람과 멀리하려 했다. 단순히 질문자와 거리를 두려 한 것이었지만 사람들의 눈에는 그가 정직하지 않은 사람처럼 비쳤다. 그의 몸짓언어를 보는 것만으로도 뭔가를 숨기고 있다는 것을 깨달았던 것이다.

몇 년 전 나는 마리사라는 대단히 인상적인 15살짜리 소녀를 상담했다. 상담하는 동안 나는 마리사의 높은 지능과 우아한 자태, 섬세한 손과 팔 동작에 깜짝 놀랐다. 그것은 긍정적인 자신감의 표현이었다.

그러던 어느 날 마리사의 엄마가 상담에 동참하면서 모든 상황이 바뀌었다. 마치 다른 사람이 된 것처럼 마리사의 태도가 달라진 것이었다. 두 손을 무릎 위에 얹은 채 머리를 푹 숙이고 아무도 눈을 맞추지 않았다. 이 모든 현상의 원인을 짐작할 수 있었던 나는 마리사가 가여워졌다. 그 아이는 엄마의 윽박지름에 겁을 먹고 자신감을 잃어버린 채 엄마 앞에서는 한없이 왜소해졌던 것이다.

이 점을 모녀에게 설명하자 마리사는 엄마만 옆에 있으면 늘 불안하다고 솔직하게 인정했다. 그녀는 엄마를 기쁘게 해 주기는커녕 엄마의 기대를 한 번도 충족시킬 수 없었다. 증상의 원인을 알게 되자 대화의 통로가 열렸고, 마침내 모녀는 서로를 존중하는 법을 알게 되었다.

몸을 기울일 때

누구나 좋아하는 사람을 향해 몸을 내미는 경향이 있다. 이것은 상대방에게 관심이 있다는 표시다. 어떤 것에 관심이 많으면 몸을 앞으로 내밀고 다리는 뒤로 당긴다. 앉아 있을 때 몸을 옆으로 기울이면 상대가 좋다는 의미이고 몸을 뒤로 기울이면 상대방이 싫고 지루하거나 불편하다는 뜻이다.

한 친구와 점심을 함께 먹을 때였다. 그녀는 모임에 참석한 한 남자에게 관심을 보였다. 그가 화장실에 간 사이, 친구는 여고생처럼 들뜬 얼굴로 자기와 그 남자가 맺어질 것 같으냐고 내게 물었다. 친구의 기분을 망치고 싶지 않았던 나는 직접 알아보라고 했다. 남자가 친구 쪽으로 몸을 기울이는지, 그리고 얼마나 가까이 앉는지를 살펴보면 알 수 있다고만 얘기해 주었다.

잠시 후 그가 돌아오자마자 친구는 모든 것을 알게 되었다. 둘이 맺어질 가능성은 전혀 없었다. 혹 있다 해도 극히 희박했다. 그는 의자에 등을 기댄 채 앉아 있었고 그녀가 가까이 다가가자 징그러운 벌레라도 본 듯 몸을 움찔했다. 그리고 딱딱한 어조로 격식을 차려 말하며 친구에게 관심을 보이지 않았다. 이미 사귀는 여자가 있었던 그는 그녀에게 관심이 없었고, 몸짓언어를 통해 자신의 의사를 전달했다.

♟남의 영역에 침범할 때

동물처럼 사람도 자기 공간과 영역에 대한 규칙이 있다. 동물은 다른 동물에게 영역을 침범당했을 때 위협을 느끼고 공격을 가한다. 사람도 마찬가지다. 문화권마다 앉거나 서 있을 때 상대방과 유지해야 하는 거리에 대한 규칙이 있다. 서양인들이 자기 공간에 타인이 침범하는 것을 싫어한다면, 남미인과 중동인들은 가까운 것을 좋아한다. 따라서 타문화권의 비즈니스에 그 지역관습을 적극적으로 이용하는 것이 좋다.

어느 문화권에서나 남의 영역에 침범하는 사람들은 대부분 권력 지향적이고 자기도취에 빠져 있다. 따라서 누군가 필요 이상으로 가까이 접근하면 화를 내거나 뒤로 물러나면서 팔짱을 낄 수도 있다(이는 자기 자신을 보호하기 위한 무의식적 행동이다). 또한 발바닥으로 가볍게 바닥을 두드리거나 안절부절못하여 계속 자세를 바꾸기도 하고 긴장된 목소리로 상대에게 뒤로 물러서라고 말할 수도 있다.

상대방이 자신의 영역에 불편할 정도로 침범을 한다면 사람들은 위협을 느끼고 뒤로 물러나면서 그 의도를 궁금해한다. 침범한 사람이 어떤 핑계를 대든 부정적인 감정을 떨쳐 버릴 수 없다.

너무 가까이 접근하면 상대방은 방어적인 자세를 취하고 입 냄새나 체취 등을 의식할 수밖에 없다. 그러나 좋아하는 사람이 가까이 오면 오히려 좋아할 것이다.

강하고 자신감이 넘치는 사람일수록 팔다리를 벌리거나 더 많은 공간을 차지한다. 반대로 불안정한 사람들은 팔다리를 오므려 엄마 뱃속에 있던 자세를 취한다.

🕴 지나치게 멀리 서 있는 때

지나치게 멀리 서는 사람은 오만하고 거드름을 피우거나 자신이 남들보다 우월하다고 생각한다. 말 그대로 남과 가까이하려 하지 않는다. 상대방이 싫어서 가까이 다가서지 않을 수도 있다. 혹은 상대방의 사람됨이나 말, 체취 또는 외모가 싫어서일 수도 있다. 거리를 두는 사람들은 위협받는다고 느끼기 때문이다.

🏃동작을 따라 할 때

상대방이 당신에게 호감을 갖고 있는지를 확인하고 싶다면 그가 당신의 동작을 따라 히는지 살펴보라. 상대방이 당신의 몸짓을 따라 히면(동시에 다리를 꼰다거나 손으로 얼굴을 괸다거나 깍지를 끼는 것처럼) 그는 당신에게 관심이 있다는 것을 나타낸다. 상대방을 따라한다는 것은 똑같아지고 싶다는 표현이다.

🏃몸을 앞뒤로 흔들 때

이 행동은 불안하거나 초조하다는 신호다. 성인들은 불편할 때 마음을 안정시키기 위해 몸을 앞뒤로 흔든다. 아이들은 흔히 앞뒤로 몸을 흔들며, 특히 자폐아들에게서 이 행동을 흔히 볼 수 있다. 이는 불안감을 진정시키기 위한 행동이다.

성인이 몸을 앞뒤로 흔들면서 말을 하면 그의 말에 집중하기 힘들고 주위가 산만해지기 때문에 상대방은 불쾌해 할 것이다.

🏃안절부절못할 때

가만히 있지 못하고 계속 몸을 움직이는 사람은 많은 것을 말하고 있는 것이다. 자리가 불편해서 몸을 이리저리 움직이는 것일 수도 있지만 이는 초조하고 빨리 자리를 뜨고 싶다는 표시이며, 손을 흔들거나 발을 까딱거리는 행동은 불안하거나 짜증난다는 뜻이기도 하다.

불편하면 체온이 조금 올라간다. 점점 더 열이 나고 점점 더 불편해진다. 때문에 넥타이를 느슨하게 하려고 만지작거릴 수도 있다.

머리를 기울일 때

한쪽으로 머리를 기울인다는 것은 상대방의 말에 관심을 가지고 귀를 기울인다는 의미다. 즉 상대방의 말에 완벽하게 집중하고 있다는 뜻이다.

말할 줄 모르는 아기가 어른의 말을 들을 때 머리를 한쪽으로 기울이는 것을 흔히 볼 수 있다. 이는 아이가 주의 깊게 당신의 말을 듣고 있다는 의미다.

고개를 홱 돌릴 때

사람들은 듣기 싫은 말을 들으면 상대방으로부터 고개를 홱 돌리는 경향이 있다. 이는 그 사람과 벽을 쌓으려는 무의식적 행동이다.

✦ 고개를 끄덕일 때

상대방의 말을 들으며 계속 고개를 끄덕이는 행동은 그를 편안하게 해 주고 환심을 사기 위한 것이다. 이들은 상대로부터 호감을 사려는 욕구가 강하다. 고개를 끄덕이는 것은 "나를 좋아해 주세요. 당신의 모든 말에 동의합니다. 그러니 나를 사랑해 주세요."라는 뜻이다. 이들은 무엇보다 거부당하는 것을 두려워한다.

고개를 좌우로 젓는 것은 상대방의 말에 의문이 있거나 내키지 않는다는 표현이다. 상대방의 말을 가늠해 보고 어떻게 대답할지 결정하기 위해 고개를 좌우로 흔드는 것이다.

✦ 고개를 숙일 때

종교의식에 참석했을 때나 문화적으로 상대방에 대한 존경심을 나타내기 위해 고개를 숙이는 것이 아닌 한, 다른 사람 앞에서 고개를 숙이는 것은 자신감이 없다는 뜻이다. 다이애나 비는 말을 할 때 고개를 숙이곤 했다. 결혼 초기에는 순종의 몸짓으로 해석될 수도 있었지만, 세월이 흐른 뒤에도 여전히 고개를 숙인 채 말하는 그 몸짓은 불행한 결혼생활을 반영하고 있었다. 황태자비로서의 역할에 자신이 없음을 말하고 있던 것인지도 모른다.

♟️머리를 앞으로 내밀 때

머리를 앞으로 내미는 행동은 위협을 의미한다. 턱을 앞으로 내미는 것처럼 이는 문제에 공격적이거나 적대적으로 대응하겠다는 표시다. 고개를 가로젓거나 뒤로 젖히는 행동은 오만함을 나타내는 경향이 있다.

♟️머리를 긁을 때

머리에 이나 비듬이 있는 경우가 아닌 한 머리를 긁적인다는 것은 당황하거나 확신이 없다는 의미다.

내가 만든 노래를 음반제작자와 작업하고 있을 때였다. 그런데 그가 갑자기 머리를 심하게 긁적이는 것이었다. "노래의 끝 부분이 마음에 들지 않는가 보군요?"라고 물었다. 그러자 그는 "그래요. 끝 부분을 좀 바꾸면 좋겠습니다."라고 대답했다. 머리를 긁적이는 모습을 본 나는, 그가 어떻게 해야 할지 몰라 당혹스러워한다는 것을 눈치챘다. 노래 끝부분을 바꾸고 싶은데도 그 얘기를 하면 내 기분이 상할까 봐 두려워했던 것이다.

또 다른 예를 들어보자. 어떤 질문을 했을 때 상대방이 머리를 긁적인다면 질문의 뜻이 잘 이해되지 않거나 어떻게 대답해야 할지 몰라 망설이고 있다는 의미다. 따라서 정확히 이해할 수 있도록 말을 바꿔서 물어보는 것이 좋다. 같은 내용의 질문을 다른 방식으로 다시 한 번 물어보는 동안 상대는 적절한 대답을 생각할 시간적 여유를 갖게 된다.

🏃 어깨를 으쓱할 때

어깨를 으쓱한다는 것은 진실을 말하지 않거나 무관심하다는 의미다. "모르겠는데요.", "글쎄요." 또는 "당신을 믿지 못하겠는데요."라는 무언의 의사표현인 것이다.

거짓말을 하는 사람은 재빨리 어깨를 으쓱한다. 이 경우에는 무관심한 것과는 전혀 다른 "나는 사실을 말하고 있지 않다."는 의미다. 재빨리 어깨를 으쓱하는 것은 멋있고 침착하게 보이려는 무의식적인 시도지만 사실은 그렇지 않다.

어깨를 올린 자세를 그대로 유지하면, "악의가 없다."는 뜻이다. 마릴린 먼로는 이 몸짓을 통해 섹시함과 친근함을 표현했다.

✛ 자세 읽기

자세는 자기 자신과 다른 사람에 대한 감정을 나타낸다. 자신 있는 사람은 등을 똑바로 펴고 어깨를 뒤로 쭉 뻗은 채 고개를 똑바로 들고 엉덩이를 당긴다. 이들은 편안하고 자연스럽게 서며, 양발에 똑같은 무게를 싣고 선다. 앉을 때도 팔짱을 끼거나 다리를 꼬지 않고 편안한 자세를 취한다.

자신감 있는 자세를 취하는 사람은 비즈니스에서나 일상생활에서나 늘 편안하다. 자신이 말하려는 요지를 정확하게 설명하기 위해 손과 팔을 적극적으로 이용한다. 또한 상대방에게 관심을 갖고 자신보다 상대방의 행동에 대해 더 많이 신경 쓴다. 이들의 솔직하고 자연스러운 자세를 보고 있으면 누구나 기분이 좋아질 것이다.

다음은 부정적인 의미를 전달하는 자세들이다.

🧍 구부정한 자세

슬프면 몸이 구부정해지는 경향이 있다. 축 처진 어깨는 자신감 부족이나 절망감을 나타낸다. 계속해서 구부정한 자세를 취하는 사람은 힘든 상황이나 인생에서 도망치고 싶어 하며, 상대방의 이야기에 관심 없어한다. 또한 난관에 정면으로 맞서기보다는 도망가기 바쁘다.

일반적으로 어깨를 움츠리고 구부정한 자세를 취하는 사람은 가슴 부위가 약할 것이다. 내장이 약하기 때문에 목소리도 힘이 없다.

✦ 몸을 앞으로 내미는 자세

목을 길게 빼고 몸을 앞으로 내미는 사람은 화가 난 게 틀림없다. 턱을 앞으로 내밀고 주먹을 꽉 쥐며 온몸의 근육을 팽팽하게 긴장시키는 싸울 듯한 자세를 취한다. 몸을 앞으로 하고 서둘러 급히 걸어가는 사람 또한 화가 난 상태임을 알 수 있다.

✦ 경직된 자세

군인처럼 뻣뻣한 자세를 취하는 사람은 생각도 경직되어 있어서 결정을 내리거나 자기 의견을 말할 때 유연하지 못하고 융통성도 없다. 또한 매사를 흑백논리로 판단하며 자신만 옳다고 아집을 부리는 등의 권위주의적인 태도를 취한다.

"나는 너보다 낫다."라는 식의 오만한 태도를 자주 보이며, 고개를 뻣뻣이 들고 남을 무시하기도 한다. 단정하고 질서정연한 것을 좋아하며 익숙한 틀에서 벗어나면 어쩔 줄 몰라 한다.

✦ 손동작과 발동작이 보여 주는 자세

상대방이나 현재 상황에 대해 판단을 내리지 못한 사람은 서 있을 때 양손을 깍지 끼운다. 그리고 앉아 있을 때는 무릎에 손을 가지런히 놓고 다리를 꼰다.

☝ 일관성이 없는 자세

지루하거나 무관심하면 상대방에게 고개를 돌리다가 결국에는 몸까지 돌려 버린다. 몸을 앞으로 내밀었다가도 자주 몸을 뒤로 젖힌다. 앉아 있을 때에는 다리를 뒤로 뺐다가 앞으로 쭉 내밀기도 하며 상체를 좀 더 곧추세울 것이다.

✛ 팔 동작 읽기

팔은 그 사람의 감정상태에 대해 많은 것을 말해 준다. 다음의 여러 가지 팔 동작에 대한 설명을 보면, 그에 대한 의미를 파악할 수 있을 것이다.

☝ 팔짱을 꼈을 때

불편하거나 자기 자신을 보호하고 싶을 때 팔짱을 낀다. 이것은 상대방에게 마음의 문을 닫고 있다는 의미이기도 하다. 불안감을 느끼는 사람은 대체로 몸을 움츠리려 한다.

그리고 추워서 몸을 움츠리는 게 아니라면 이것은 상대방이 무슨 말을 하든 자기 입장을 고수하겠다는 표시다. 불안하거나 긴장했을 때에도 이런 행동이 나온다. 팔짱을 낀다는 것은 무언가를 숨기고 있다는 뜻이다. 이와 다른 의미로는 가슴이 크거나 자기 몸에 불만이 있는 여성들이 팔짱을 끼는 경우가 있다.

손을 허리에 대고 팔꿈치를 옆으로 벌릴 때

손을 허리에 얹고 팔꿈치를 옆으로 벌린 자세는 "가까이 오지 마." 혹은 "쓸데없이 참견하지 마."라는 의미다. 즉, '거부의 자세'로써 강한 자신감과 독립심을 나타낸다.

뒷짐 질 때

뒷짐 진 자세는 솔직함을 나타낸다. 이러한 자세를 취하는 사람들은 굳이 자신을 보호할 필요가 없다는 신호를 보내는 것이다. 영국 왕족들은 국민을 만날 때 상체를 곧추세우고 편안하게 뒷짐을 지는 자세를 취했다. 이 자세의 또 다른 의미는 자신감을 나타낸다. 군인들은 "열중쉬어."라는 명령을 받았을 때 뒷짐 지는 자세를 취함으로써 편안하고 숨길 것이 없음을 나타낸다.

♣ 손 동작 읽기

손 동작은 감정상태에 대해 많은 것을 알려 준다. 다음은 여러 손 동작의 의미다.

손을 숨길 때

주머니에 손을 꽂는 것처럼 손을 숨긴 채 말하는 사람은 중요한 정보를 감추고 있다. 언젠가 한 행사에서 오랜만에 친구 마티를 만났다. 그에게 아내 지니는 잘 지내고 있느냐고 물었다. 그러자 마티는 손을 주머니에 꽂은 채로 "그럼, 잘 지내지."라고 말했다. 그리고 며칠 후, 나는 마티 부부가 이혼 수속 중이라는 소식을 전해 들었다.

주먹 쥘 때

주먹 쥔 손은 자신의 감정을 표현하지 않겠다는 의미이며, 주먹을 쥔 채 말하는 것은 몹시 화가 났거나 심기가 불편하다는 뜻이다. 엄지손가락을 안으로 집어넣고 주먹을 쥐면 두려워하거나 걱정이 있다는 것이다. 엄지를 겉으로 내놓고 주먹을 쥐면 팔짱 끼는 자세처럼 방어적인 것이다.

　말할 때 검지를 내밀거나 손을 갑자기 움직이면 화가 나 있다는
의미다.

손을 제대로 못 부릴 때

　솔직하지 않은 사람은 손을 포개거나 주머니에 넣는 등 좀처럼
손을 움직이지 않는다. 말할 때 손을 얼마나 세게 깍지 끼고 있는지
관찰해 보라. 깍지 낀 정도가 심할수록 더 많이 긴장하고 있다는 것
을 의미한다.

　반면 의자 같은 것을 붙잡고 있다면 현실 감각을 잃지 않으려고
노력한다는 뜻이다. 자기 몸을 붙잡는 것은 긴장하거나 불안해서
마음을 가라앉히려는 것이며, 이는 거짓말을 하거나 강렬한 감정
을 피하려 한다는 의미이기도 하다.

손바닥을 보일 때

　솔직한 사람은 손바닥을 보이고 손가락을 길게 뻗는다. 이 손 동
작은 솔직함과 더불어 상대방에 대한 관심의 표현이다. 상대방을
인정하고 그의 생각을 수용하겠다는 뜻이다. 반대로 손등을 보이
는 사람은 대부분 솔직하지 않고 폐쇄적이다.

♈ 손과 팔을 많이 저을 때

자신의 믿음을 강하게 표현하는 사람들은 손과 팔을 저으면서 자신의 열정을 나타낸다. 반면에 강한 불신이 생겼을 때는 손과 팔을 많이 움직이지 않는다.

♈ 엄지손가락을 곧게 세웠을 때

엄지손가락을 위로 꼿꼿이 세운 채 나머지 손가락을 죽 펴거나 주먹을 쥐는 것은 좀처럼 자신의 입장을 굽히지 않겠다는 뜻이다. 이런 사람을 설득하기는 쉽지 않다.

♈ 손가락으로 바닥을 톡톡 칠 때

책상이나 테이블 위를 손가락으로 톡톡 두드리는 것은 초조하거나 불안하다는 의미다. 목걸이나 장신구를 만지작거리거나 머리카락을 만지는 행동도 마찬가지다. 불안하기 때문에 무언가를 만져 마음을 달래려는 것이다.

손톱을 물어뜯거나 손가락을 꺾으며 안절부절못하는 것 또한 불안감을 나타낸다. 부담감을 느낄 때도 이 무의식적인 행동을 취하며, 이는 화가 나거나 불만이 있다는 신호이기도 하다.

엄지손가락을 빙빙 돌릴 때

초조하거나 따분하면 양쪽 네 손가락을 각지 끼고 좌우 엄지손가락을 빙빙 돌린다. 이것은 지루함을 달래려는 행동이다.

머리 뒤로 손을 각지 낄 때

마음이 편안하면 손도 편안하다. 손동작은 강하고 신중하지만 기계적이지 않고 자연스럽다. 손을 머리 뒤로 각지 낀 채 팔꿈치를 옆으로 벌리는 사람은 안정감과 편안함 그리고 자연스러움을 보여 준다.

손가락 끝을 맞대어 뾰족하게 만들 때

자신 있는 사람은 자신감을 나타내는 다양한 손동작을 보여 준다. 양손의 손가락 끝을 맞대어 뾰족하게 만드는 손동작은 교사, 목사, 정치가, 법률가, 그 밖에 정보를 퍼뜨리는 사람들이 자주 보여 주는 자신감 있는 몸짓이다. 협상하는 사람들도 이런 동작을 취한다.

🔹 신체 접촉 읽기

인류학자 애슐리 몬터규가 자신의 저서 〈접촉(Touching)〉에서 지적한 것처럼, 누구나 신체 접촉을 원한다. 등이나 어깨, 팔, 손에 닿는 가벼운 손길은 따뜻한 정서적 격려를 전달한다. 말할 때 상대방을 만지면 주장하고 싶은 요점에 상대방의 관심을 끌 수 있다.

반면 지나친 신체 접촉은 질투와 지배욕을 나타내며, 이것은 거부감과 적대감을 유발한다. 또 사랑과 인정을 받고 싶다는 강렬한 욕구 때문에 상대방을 많이 만지는 사람도 있다.

🤸 자기 몸을 만지는 사람

얼굴을 자주 만지는 사람은 진실을 말하지 않는다. 마음이 불안하고 솔직하지 않기 때문이다. 거짓말을 하자마자 입이나 눈에 손을 대는 사람은 자신과 상대방 사이에 벽을 쌓는 것이다.

감기나 알레르기 때문이 아닌 한, 코를 잡거나 쥔다는 것은 그 상황이 불편하다는 뜻이다. 누군가에게 무엇을 부탁했을 때, 그가 알았다고 대답하기 직전에 코에 손을 대면 별로 내키지 않는다는 뜻이다. 어떤 말을 하고 나서 입을 만지거나 가리는 것도 마찬가지다.

눈을 문지르는 것은 이제 됐으니 그만하라는 신호다. 목덜미를 비빈다는 것은 불쾌하다는 뜻이다.

⩔ 접촉을 꺼리는 사람

신체 접촉을 꺼리는 사람은 자신감이 없으며 경직되고 불안한 사람이다. 신경과민 증상이 있고 상대방을 두려워하는 경우가 많다. 따라서 상대방을 불편하게 여기기 때문에 보통 혼자 있기를 좋아하는 경향이 있다. 간혹 어린 시절 정신적 혹은 육체적 학대를 당한 경험으로 인해 신체 접촉을 꺼리는 사람도 있다.

⩔ 과도하게 접촉하는 사람들

아플 만큼 상대방을 꽉 잡는 사람은 상대방에 대한 경쟁심이나 내면의 분노를 표출하는 것이다. 이 경우 그들의 손길이 불쾌하고 달갑지 않다고 똑바로 말해야 한다. 이들과 거리를 두는 것이 좋다.

⩔ 악수

악수하는 모습을 보면 많은 것을 알 수 있다. 편안하면서도 손을 힘 있게 쥐면서 악수하는 사람은 자신감에 차 있으며 솔직하고 숨길 것이 없다는 표시다. 세게 쥐는 악수는 강한 성격을, 약한 악수는 심약한 성격을 나타낸다. 손끝만 잡거나 힘없고 서투르게 악수하는 사람은 상대방과 가까워지고 싶은 뜻이 없음을 의미한다.

여자와 악수를 어떻게 해야 할지 모르는 남자들이 많다. 신사답게 보이려고 조심스럽게 악수하는 이들은 용기가 없다는 뜻이다. 반대로 고통스러울 정도로 힘을 주어 악수하는 사람은 공격적이고 적대적이며 지배적인 성향의 사람이라는 의미이니 주의하기 바란다.

발과 다리 동작 읽기

손이나 팔처럼 발과 다리의 자세로도 많은 것을 알 수 있다. 발은 정직한 신체부위로 그 사람의 감정과 생각을 적나라하게 보여 준다. 표정, 자세, 손동작은 어느 정도 통제할 수 있지만 발을 통제하기란 대단히 어려운 일이다.

발을 가지런히 모을 때

발을 가지런히 붙이고 발바닥을 땅에 붙인 채 상대방을 정면으로 쳐다보는 사람은 대부분 솔직하고 균형 잡힌 사람이다.

반대로 발 바깥쪽이나 뒤꿈치로만 서 있는 사람은 비열하고 솔직하지 못한 사람일 확률이 높다.

♟ 발을 흔들 때

초조하거나 따분할 때 발을 흔들거나 땅바닥을 툭툭 치며, "여기 있고 싶지 않다."는 뜻을 나타낸다.

♟ 다리를 꼴 때

다리를 꼬는 행동은 초조하거나 불편하다는 무의식적 신호다. 상체가 편안하다 해도 이런 자세를 하고 있으면 초조하다는 뜻이다. 단, 한쪽 무릎을 다른쪽 무릎과 나란히 하고 다리를 꼰다면 남녀 모두 자신 있는 사람임을 의미한다.

♟ 방향이 엇갈리게 다리를 꼴 때

한쪽 다리를 다른 쪽 다리와 엇갈리게 꼬고 있는 사람은 자신감이 없거나 거짓말을 하고 있을 확률이 높다.

발목끼리 꼴 때

무언가를 숨기고 싶은 사람은 한쪽 발목에 다른 쪽 발목을 얹어 교차시키는 경향이 있다.

이 몸짓은 긴장감을 나타낸다. 화장실에 가고 싶은 것을 참고 있을 때에도 이렇게 행동한다. 비행기가 이륙할 때 초조하거나 불안한 승객들도 흔히 이런 행동을 취한다.

다리를 벌리고 앉을 때

다리를 벌리고 앉는 사람은 솔직함과 자신감을 나타낸다. 치마를 입은 여성은 당연히 다리를 벌릴 수 없을 것이다. 하지만 이때 다리를 가지런히 모으고 무릎을 붙인다면 솔직하고 자신 있다는 의미다.

무릎을 맞붙이고 양발을 땅에 붙인 채 발끝을 상대방 쪽으로 하고 있는 것 역시 솔직하고 정직하다는 뜻이다.

상체와 다리가 방향이 다를 때

머리와 상체는 상대방을 향하고 있지만 발과 다리가 다른 방향을 가리키고 있다면, 자리를 뜨고 싶거나 어쩔 수 없이 대화에 응하고 있다는 뜻이다. 즉, 말 그대로 도망치기 위해 다리가 문 쪽으로 돌아가는 것이다.

허벅지를 두드리는 것 역시 자리를 뜨고 싶다는 의미다.

☀ 종아리를 겹치고 앉을 때

종아리 부분이 겹쳐지게 앉는 사람은 독립적이고 자유분방하며 격식을 싫어하는 사람이다. 이런 타입은 상대방의 생각에 개의치 않는다.

상대방을 향해 다리를 길게 뻗을 때

다리를 꼬든 그렇지 않든 간에 상대방을 향해 다리를 길게 뻗은 사람은 상대방을 지배하려는 성향이 강하다. 이들은 고집이 세고 상대방을 괴롭히기도 한다. 또한 상대방의 주목을 받으려고 자기 중심적인 행동을 보이기도 한다.

☀ 한 다리로 서 있을 때

한쪽 발로 서는 행동은 대부분 습관일 수 있다. 자기 모습이 상대방에게 어떻게 비칠지 인식하지 못한 채 기계적으로 이런 자세를 취하는 것이지만, 상대방이 산만한 사람으로 오인할 수 있으니 주의하기 바란다. 이런 자세를 취하는 사람들은 때때로 상대방의 말보다 자기 기분에 더 신경을 쓰곤 한다.

또한 이 자세를 취하는 사람들은 상대방의 기분을 상하게 함으로써 신뢰를 얻지 못한다.

❖ 걸음걸이 읽기

멀리서 걸어오는 모습만 봐도 누군지 알아볼 수 있을 만큼 독특한 걸음걸이를 가진 사람이 있다. 이번에는 걸음걸이가 보여 주는 감정상태를 살펴보도록 하자.

🏃 땅을 보고 걸을 때

기분이 울적하고 의기소침하면 고개를 숙이고 어깨를 축 늘어뜨리며 앞을 보지 않고 땅을 바라보며 힘없이 걷는다.

🏃 고개를 치켜들고 걸을 때

자기가 남보다 우월하다고 생각하는 사람들은 가슴을 내밀고 다리를 뻣뻣하게 내딛으며 고개를 치켜들고 어색할 정도로 팔을 크게 흔들며 걷는다.

또한 이들은 모두가 자신을 바라보고 있다고 생각하기 때문에 다른 사람을 거의 쳐다보지 않는다.

𝕏 발끝으로 걸을 때

소심하거나 다른 사람의 기분을 많이 의식하는 사람은 발끝으로 걷는 경향이 있다. 작은 보폭으로 조용히 걷기 때문에 아무도 그 존재를 눈치채지 못한다. 이런 사람들은 남 앞에 잘 나서지 않는다.

𝕏 뻣뻣하게 걸을 때

완고하고 엄격한 사람은 그 성격처럼 걸음걸이도 뻣뻣하다. 짧은 보폭으로 빠르게 걸으면서 기계적으로 팔을 뻗는다.

𝕏 탄력적으로 걸을 때

자신감이 있는 사람은 탄력적이고 활발하게 걷는다. 걸을 때 사람들을 쳐다보고 자주 미소를 짓는다. 고개를 똑바로 하고 가볍고 자연스럽게 팔을 흔든다.

✚ 옷차림 읽기

자세와 몸짓 외에도 그 사람의 옷을 보면 많은 것을 알 수 있다.

☀유행에 처진 옷을 입었을 때

유행에 뒤지거나 낡은 옷 또는 몸에 맞지 않는 옷을 입은 사람은 새 옷을 살 돈이 없거나 세상의 흐름을 따라가지 못하고 자기 자신을 아끼지 않는 타입이다.

지저분한 옷을 입었을 때

옷차림이 단정치 못하고 옷에 얼룩이 졌거나 냄새가 나는 사람은 자존심이 낮거나 인간관계가 협소한 사람이다.

☀최신 유행 옷을 입었을 때

최신 유행 옷을 입거나 유행에 민감한 사람은 상대방의 생각에 신경을 많이 쓴다. 상대방의 기준에 자신을 맞추려는 욕구가 강하고, 유행하는 옷으로 자신을 가리지 않으면 불안해한다.

☀섹시한 옷을 입었을 때

섹시하고 노출이 심한 옷을 입는 사람은 주목받기를 좋아하는 타입이다. 시선을 끌기 위해 노력하는 영화배우들의 의상이 그렇다. 도발적인 의상일수록 시선을 더 잡아끈다. 성적 관심을 받고 싶어서 노출이 심한 옷을 입는 것은 상관없지만, 평소에도 그렇게 입는 사람은 대개 정서적으로 불안정한 사람들이다.

튀는 옷

현란한 색과 요란한 장신구를 걸치는 사람들 역시 불안정한 경향이 있고, 상대방의 시선을 끌고자 하는 욕구가 강하다. 단, 밝은 색상의 옷은 행복하고 낙천적이며 기분이 좋다는 것을 보여 주기 때문에 긍정적인 의미를 담고 있다. 또한 밝은 색상은 창조성을 암시하기도 한다.

수수한 옷을 입었을 때

얌전한 색깔의 수수한 옷을 입는 사람들은 문제를 일으키려 하지 않는다. 대부분 소심하고 수줍음이 많으며 남의 눈에 띄길 싫어한다.

지나치게 단정한 옷을 입었을 때

칼같이 주름을 잡고 단추를 끝까지 다 채워 입는 사람은 규칙을 좋아하고 보수적인 타입이다. 엄격하고 융통성이 없을 가능성이 높다. 이들은 청바지는 물론 속옷까지 다려 입을 사람들이다. 모든 것이 깔끔하게 정돈되어 있지 않으면 불안해한다.

분위기에 맞지 않는 옷을 입었을 때

특별한 행사에 어울리지 않는 옷을 입는 사람은 일반적인 사회 규범에 따르지 않는 반항아이며 눈에 띄기를 좋아한다. 정장에 운동화를 신거나 직장에 야한 옷을 입고 출근하는 여성이 이런 부류에 해당한다.

분위기에 맞지 않는 옷을 입는 사람들은 상황을 관리하려는 욕구뿐 아니라 호전성과 적개심을 가지고 있다.

우아하면서 세련된 옷을 입었을 때

세련되고 우아하며 단정하게 옷을 입는 사람은 협동적이고 개방적이다. 다른 사람을 존중하고 현재 상황에 충실하다. 이들은 개성과 세련된 패션 감각을 보여 주는 액세서리를 착용하기도 한다. 이는 건강하고 긍정적인 자부심의 표현이다. 자신의 옷이나 액세서리를 화제로 사람들을 대화에 끌어들이기도 한다.

◆ 청결도 읽기

청결도를 보면 그 사람의 성격을 알 수 있다.

🕴청결의 정도

단정하지 못한 사람은 자부심이 낮다. 남이 자신을 어떻게 생각하는가에 크게 신경 쓰지 않는다. 이들은 대부분 자기만의 세계에 살고 있으며, 자신이 청결하지 못하다는 것을 인식하지 못하는 경우가 많다. 반대로 청결한 사람은 자부심이 높은 사람들임을 알 수 있다.

🕴머리 손질의 정도

가발을 쓰거나 머리를 옆으로 빗어 넘긴 남자는 자신감이 없고 솔직하지 못하다. 무언가를 숨기거나 좀처럼 마음을 열지 않는다. 마찬가지로 헤어스타일을 자주 바꾸고 잦은 염색을 하는 사람은 스스로 불만이 많고 자신의 정체성을 찾으려고 노력하는 사람들이다. 이들 역시 정서적으로 불안한 면이 있다.

튀는 염색이나 튀는 헤어스타일을 한 사람들은 남녀를 막론하고 자신을 봐 달라고 외치는 사람들이다.

🏃 손톱 손질의 정도

아무 일도 못할 만큼 손톱이 긴 여성은 남의 시선을 갈망하고 있다. 속살이 드러날 만큼 손톱을 물어뜯는 사람은 대부분 근심이 많고 불안정한 타입이며, 일종의 자해 성향을 갖고 있다. 또한 자기 자신에 대한 분노나 적개심을 갖고 있기도 하다.

🏃 치장의 정도

몸가짐이 단정하다는 것은 자신을 사랑한다는 뜻이다. 하지만 항상 머리카락 한 올 흐트러짐 없이 신경 쓰는 사람은 완고하고 융통성이 없으며 늘 불안해하는 타입이다.

따라서 수시로 화장을 고치는 것은 여성의 불안감을 반영한다. 반대로 화장을 전혀 하지 않는 여성은 외모에 관심이 없거나 가식 없고 솔직한 타입이다.

표정 코드 읽기

몸짓언어나 표정언어는 상대방을 파악하는 데 있어
서 말보다 더 좋은 척도가 될 수 있다. 지그문트 프로이트의 말처럼
"볼 수 있는 눈과 들을 수 있는 귀가 있는 사람이라면 절대로 비밀
을 지킬 수 없다. 입을 굳게 다문다 해도 손끝으로 말을 하기 때문
이다. 당신의 모든 모공에서 비밀이 새어나온다."

목소리에서 비밀이 흘러나가는 것처럼 얼굴에서도 비밀이 흘러
나간다. 아무리 감정 표현을 억제하려고 해도 순식간에 진짜 표정

이 드러난다. 프로이트의 말처럼 솔직한 감정을 숨기기란 거의 불가능하다.

수백 년 동안 얼굴은 많은 것을 말해 주었다. 렘브란트와 벨라스케스의 작품에서부터 현대 사진과 비디오 작품에 이르기까지 예술 작품에서 보았던 표정은 우리 마음에 영원히 각인된다. 잭 루비에게 저격당할 때 리 하비 오스월드의 얼굴에 순간적으로 스쳐갔던 감정을 어떻게 잊을 수 있단 말인가? 미국의 베트남 공습 때 비 오듯 쏟아지는 포화 속을 공포에 질려 울부짖으며 달려가던 나체의 베트남 소녀 킴 푹의 얼굴을 어떻게 잊을 수 있단 말인가? 체조선수 메리 루 레튼이 올림픽 금메달을 목에 건 후 코치 벨라 카롤리에게 뛰어들 때의 기쁨과 환희의 얼굴은 어떠한가? 클린턴 대통령이 전 국민에게 그동안 솔직하지 못해 죄송하다며 모니카 르윈스키와의 부적절한 관계를 고백하던 순간의 그 수치스럽고 슬픈 표정은 어떠한가? 표정이 마음속의 감정을 생생하게 보여 준다는 데에는 의문의 여지가 없다.

대부분의 사람들은 자신이 표정언어를 잘 알고 있다는 사실을 깨닫지 못한 채, 이 정보를 당연하게 받아들이는 경향이 있다. 얼굴은 감정을 고스란히 보여 준다. 얼굴만 보면 대화를 나눌 때 말이 필요 없다. 인종적, 문화적 배경과 관계없이 누구에게나 공통적인 여러 가지 표정이 있다. 유아도 이 같은 표정을 스스로 개발하기 때문에 다른 사람의 표정을 정확하게 인식할 수 있다는 것이 여러 연구에서 증명되었다.

150

이제 우리는 다양한 표정의 의미와 표정언어를 통한 감정전달 방법을 살펴볼 것이다. 표정언어의 의미를 해석해 보고 표정 코드를 풀이하는 법을 배워 보자.

⁃ 얼굴을 통해 이루어지는 비언어적 의사소통

많은 연구 결과를 통해 비언어적 의사소통의 55%가 얼굴을 통해서 이루어진다는 것이 증명된 바 있다. 누구나 적절한 단어를 생각하고 상대방이 듣고 싶은 말은 무엇이든 말할 수 있으며 귀를 사로잡는 육감적이고 낭랑한 음색으로 말할 수 있다. 하지만 표정과 말이 일치하지 않는다면 차라리 아무 말도 하지 않는 편이 낫다.

몇 년 전 한 모임에서 두 쌍의 부부를 소개받았다. 나는 네 사람 모두 입을 꾹 다문 채 억지 미소를 짓고 있음을 눈치챘다. 대화의 내용은 재미있었지만 서로를 바라보는 눈에는 생기가 없었다. 나는 차츰 그 자리가 불편해지기 시작했다. 두 부부 사이에 묘한 긴장감이 흐르고 있음을 느꼈기 때문이다. 그래서 서둘러 양해를 구하고 자리를 떠나 다른 사람들과 어울렸다.

잠시 후, 나는 모임에서 소개받은 두 쌍의 부부 중 한 쌍의 부부를 다시 만났다. 그런데 이번엔 둘의 태도가 전혀 달랐다. 얼굴은 편안했고 표정도 훨씬 행복하고 생기 있어 보였다. 그들의 미소는 진심에서 우러나오고 있었으며, 더 이상 입을 꾹 다물고 있지 않았다.

"함께 계셨던 부부는 어디 갔나요?" 나는 짐짓 모른 척하고 물어보았지만 부인의 대답은 역시 예상대로였다.

"다행히 집에 갔답니다. 그 두 사람, 얼마나 아는 척을 하는지 몰라요. 마음에 들지 않기는 했지만 함부로 대할 수도 없답니다. 조가 승진해서 제 남편 짐의 부서를 담당할지도 모른다는 소식을 들었거든요. 그러니 어쩌겠어요. 잘 보이는 수밖에."

그 말은 이미 내가 눈치챈 것을 확인해 주었다. 짐 부부는 잔뜩 긴장한 채 조 부부와 불편하게 이야기하고 있었던 것이다. 그들과 좀 더 이야기를 나누면서 내 짐작이 정확했음을 확신할 수 있었다.

✛ 강력하고 확실한 의사전달

눈은 가장 강력한 의사소통 수단이다. 눈은 상대방이 내게 관심을 갖고 있는지, 적개심을 가졌는지를 말해 준다.

상대방이 당신을 진심으로 좋아하는지 어떻게 알 수 있을까? 그 사람의 눈길을 보면 알 수 있다. 당신을 좋아하는 사람은 당신을 자주 쳐다본다. 그뿐 아니라 눈동자도 커진다. 그것은 긍정적인 감정 표현이다. 따라서 상대방을 계속 응시한다면 두 사람은 차분해지고 안정감을 느낄 것이다.

시선을 피하는 사람은 수줍음이 많거나 뭔가를 숨기고 있고 못마땅하다는 것을 표현한다. 상대방에게 반했다는 사실을 숨기려고 눈을 피할 수도 있다.

마음이 끌린다는 것을 보여 주는 또 다른 시선도 있다. 하나는 계속해서 상대방의 얼굴 왼쪽부터 오른쪽을 응시하는 시선이다. 반대로 느끼는 신호는 거의 올라가지 않는 눈썹이다. 안면근육이 늘어지고 아래턱은 약간 내려가지만 입은 굳게 닫혀 있기 때문에 얼굴 아랫부분이 좀 길어 보인다. 이것은 상대방을 좋아하는데 상대방의 관심을 받지 못해 다소 실망했음을 나타낸다.

흉내는 가장 기분 좋은 아첨이라고 한다. 따라서 당신의 미소나 고갯짓 등을 거의 동시에 똑같이 따라 하는 사람은 당신을 존경하거나 좋아하는 것이 틀림없다.

두 사람이 똑같은 행동을 같이하면 할수록 서로를 더욱 좋아하고 있다는 뜻이다. 다음에 커플을 관찰할 때 둘이 서로의 행동을 따라 하는지, 그리고 비슷한 동작을 얼마나 자주 보이는지 관찰해 보라. 두 사람이 서로에게 미소를 짓고 비슷한 동작을 따라 한다면 그 커플은 사랑에 **빠졌거나** 이미 깊이 사랑하는 사이다.

1. 눈으로 감정 파악하기

라모나는 첫 번째 대학모임에 참석했다. 다소 긴장하고 수줍었던 그녀는 아는 사람을 찾아 두리번거렸다. 그런 그녀의 눈에 케빈이 들어왔고, 그녀의 시선을 의식한 케빈도 미소를 보냈다. 둘은 가벼운 얘기를 나누기 시작했다. 대화를 나누는 동안 케빈은 계속해서 그녀를 응시하면서 미소를 지었다. 라모나는 케빈의 그런 모습이 마음에 들었다. 케빈과 대화하는 내내 마음이 편하고 기분 좋았다.

그때 누군가 큰 소리로 케빈을 부르며 달려왔다. 오랫동안 소식이 끊겼던 케빈의 단짝 친구 대럴이었다. 대럴은 라모나에게 건성으로 인사를 하고 케빈과 정겹게 얘기했다. 케빈이 라모나를 대화에 끌어들이려 했지만 대럴은 라모나와 눈도 마주치지 않으려 했다.

라모나가 말을 할 때마다 대럴은 고개를 돌렸다. 결국 라모나는 대럴의 진심을 파악했다. 대럴은 그녀를 싫어했고, 그녀가 케빈 곁에 있는 것도 마음에 들지 않았던 것이다. 상대방이 좋을수록 그 사람을 더 자주 바라본다. 반대로 상대방이 싫을수록 그를 보는 시간은 점점 더 줄어든다.

2. 거짓말하는 눈

미소를 지을 때 눈을 보면 그 미소가 진심인지 아닌지를 알 수 있다. 보스턴에 있는 스트레스 장애 국립센터의 타마라 뉴먼은 과거에 불안증과 억압증이 있었던 여성 60명을 비디오로 촬영했다. 이들은 입술 끝을 올리며 행복한 표정을 지었지만, 진짜 감정은 억누르고 있었다. 그 억눌린 감정은 웃음기 없는 슬픈 눈에 반영되고 있었다.

미소 짓는 사람의 사진을 놓고 그 입을 가려보면 눈에 감정이 드러난다. 입은 웃고 있지만 눈은 슬프기 때문이다.

뺨이 올라가지 않고 코가 옆으로 벌어지지 않는다면 그다지 행복하지 않은 상태이다. 진심으로 웃는 사람은 얼굴이 환해지고 눈이 반짝거리기 때문이다. 눈가에 주름이 생기지 않거나 이마가 미동도 하지 않는다면, 그것은 가짜 웃음이다. 말로는 행복하다고 해도 사실은 행복하지 않다는 무언의 표시인 것이다.

❖ 감정을 나타내는 눈

사람을 읽을 때 표정의 미묘한 차이도 중요하다. 눈의 미세한 움직임만으로도 상대방의 미묘한 감정 변화와 상태를 포착할 수 있다.

🧍놀랐을 때

놀랐거나 허를 찔리면 눈이 커지고 눈썹이 올라가며 입이 벌어지는 확실한 반응이 나타난다.

🧍겁에 질렸을 때

겁에 질렸을 때도 눈이 커진다. 임박한 위험을 감지하기라도 한 것처럼 눈을 크게 뜬 채 동작을 멈춘다. 아래 눈꺼풀은 긴장되고 눈썹은 올라간다. 하지만 놀랐을 때와는 달리 두려워할 때에는 눈썹이 가운데로 몰리고 입술은 옆으로 약간 당겨진다.

화가 났을 때

화가 난 사람은 상대방을 똑바로 바라본다. 눈이 가늘어지면서 강렬한 시선을 보낸다. 어떤 사람이 눈 하나 깜짝하지 않고 상대방을 계속해서 쳐다본다면, 겁을 주고 지배하려 하거나 위협하려는 것이다.

응시할 때

상대방을 뚫어지게 응시하는 이유는 다음 둘 중 하나다. 성적으로 접근하는 것이거나 아니면 적대적인 행동인 것이다. 침팬지, 고릴라, 개, 사람을 막론하고 누군가를 빤히 쳐다보는 것은 바람직한 행동이 아니다. 일정 시간 동안 표정 변화 없이 한 사람을 계속 응시하면 상대방은 갈수록 불편할 것이다.

교활한 사람도 상대방을 빤히 바라보는 경우가 있다. 편안하고 자연스러운 눈길이 아니라 조심스럽게 상대방을 살피면서 바라보는 것이다.

♈ 의심할 때

눈이 가늘어지고 이마에 주름이 잡히면서 한쪽 눈썹이 올라가상 대방의 말을 의심하고 있다는 뜻이다. 확실한 결정을 내리지 못할 때에도 이런 표정을 짓는다.

♈ 경악할 때

소스라칠 정도로 놀라면 눈을 올려 천정을 바라본다. 상대방을 믿지 않거나 눈앞에 벌어지는 일이 도저히 믿기지 않을 때 이런 표 정을 짓는다.

♈ 수줍을 때

수줍어하거나 당황하면 상대방과 시선을 마주치지 않고 곁눈질을 하는 경향이 있다. 당황하거나 수줍음을 타는 아이들처럼 고개를 숙인 채 다른 사람을 곁눈질하는 것은 유혹의 시선이기도 하다.

인류학자 데스몬드 모리스는 '대담하면서도 수줍어한다.' 라는 모순된 의미를 내포하고 있는 이 행동을 갈등의 움직임이라고 말했다.

자신감이 없기 때문에 조심스레 시선을 피하면서 상대를 똑바로 바라보지 못하는 이 눈길은 상황에 따라 상대방에게 매력적으로 보일 수도 있고 기분 나쁘게 보일 수도 있다.

슬프거나 부끄러울 때

슬프거나 당황했을 때, 혹은 부끄러울 때에는 시선을 피하기 위해 눈을 내리까는 경향이 있다. 눈썹 또한 약간 일그러질 것이다.

항변할 때

거짓말할 때 시선을 피하는 것과 마찬가지로 진실을 말할 경우, 특히 부당한 누명을 썼을 때에는 강렬한 시선으로 상대방을 똑바로 바라본다.

눈 주위의 근육은 이완되며 상대방을 뚫어지게 바라볼 것이다.

눈에 경련이 일 때

눈에 경련이 생기는 현상은 대부분 긴장과 스트레스로 인해 근육이 수축하기 때문이다.

이런 증상이 나타나면 우선 생활을 돌아보라. 스트레스가 위험 수위에 있다는 경고임을 잊어서는 안 된다.

눈을 지나치게 깜빡일 때

초조하거나 불안하면 눈을 많이 깜빡이게 된다. 상담자 중에 뉴스앵커가 있었다. 그녀는 방송 중에도 유난히 눈을 깜빡거렸다. 유능한 앵커임에도 불구하고 내심 계약을 연장할 수 없을까 봐 불안했기 때문이었다. 실직에 대한 그녀의 불안감이 이런 현상으로 나타난 것이다.

재계약이 이루어지지 않았을 경우에 대한 대비책을 세우고 업무에 관해 오랜 대화를 나누자, 그녀의 긴장은 누그러지기 시작했다. 우리는 그녀가 뉴스앵커 외에도 할 수 있는 일이 많다는 결론을 내렸다. 상담도 순조로웠다. 그녀의 다음 방송을 보니 눈이 깜빡거리는 현상이 완전히 사라졌다. 긴장감과 미래에 대한 걱정이 사라지자 눈이 안정을 되찾은 것이다. 결국 그녀는 계약기간을 3년 연장할 수 있었다.

또 진실을 말하지 않거나 어떤 걱정이 있을 때, 그리고 상대방이 자신을 믿지 않을까 봐 불안할 때에도 눈을 깜빡거린다.

🕴 시선을 피할 때

어떤 사람이 눈길을 피한다면 틀림없이 문제가 도사리고 있다는 표시다. 상대방을 좋아하지 않거나 관심이 없을 때, 혹은 상대하기가 싫거나 두려울 때 시선을 피한다. 대부분의 경우, 거짓말을 하는 사람은 어떻게 해서든 시선을 피하려 한다. 죄책감 때문에 상대방의 눈을 보고 싶지 않은 것이다.

하지만 시선을 피한다고 해서 반드시 거짓말을 하는 것은 아니다. 불편하거나 숨기고 싶은 것이 있는 경우 시선을 피하기도 한다. 혹은 자신감이 부족하다는 사실을 감추기 위해 시선을 피할 수도 있다.

✦ 눈썹 읽기

비즈니스나 개인적으로 연관된 누군가가 당신에게 호감이 있는지 살펴보기 위해서는 눈썹을 잘 살펴보라. 그가 당신에게 호감을 갖고 있다면, 입가에는 미소가 떠오르고 눈썹은 순간적으로 올라갔다가 다시 원상태로 돌아올 것이다. 이 반응은 꼭 한 번만 일어나며 항상 미소를 수반한다. 관심 있는 사람이 보이면 눈을 더 크게 뜨게 된다. 상대방도 똑같은 반응을 보인다면 서로에게 호감이 있다는 뜻이다. 반대로 눈썹에 아무 반응이 없다면 관심이 없다는 의미다.

상대방을 싫어하거나 불안하면 눈살이 찌푸려진다. 그와 동시에 눈썹이 올라가고 미간이 좁아진다.

충격받았을 때나 의심할 때에도 눈썹이 올라간다. 눈썹이 가운데로 몰리고 미간에 주름이 잡히면서 눈썹이 찡그려지면 화가 났다는 의미다.

ꓕ 미소와 입술 읽기

말뿐 아니라 미소와 입술을 통해서도 본심을 알 수 있다. 입술, 목, 뺨 등 모든 것이 마음의 상태를 알려 준다.

🧍 진짜 미소

미소는 가장 강력한 표현 중 하나다. 진짜 미소를 지을 때는 입술 끝이 올라가고 이가 보이며 뺨이 올라가고 눈가에 주름이 생긴다.

미소의 힘을 시험해 보고 싶다면 마음에서 우러나온 미소를 보내고 상대방의 반응을 살펴보라. 특별히 기분이 좋지 않거나 웃고 싶지 않더라도 일단 웃어 보라. 그저 진짜 미소를 짓는 것처럼 활짝 웃으면서 감각의 기억을 되살려 보라. 예전에 행복했던 순간을 떠올리면서 미소를 지어 보라. 이에 대한 상대방의 긍정적인 반응에 깜짝 놀랄 것이다.

웃음은 전염성이 강하다. 미소를 보내면 대부분은 상대방도 따라 미소를 지을 것이다. 그리고 둘 사이의 긴장감이 사라지고 서로가 마음의 문을 열 것이다.

굳은 미소

굳은 미소는 가짜 미소다. 어린 시절 억지로 찍은 가족사진을 기억하는가? 사진 찍는 것이 별로 내키지 않았기 때문에 웃지도 않았고, 사진사의 "김치"라는 말에 마지못해 따라했던 적이 있었을 것이다. 나중에 사진을 받아 보면 입은 웃고 있지만 눈은 그리 즐거워 보이지 않는 것이 그런 이유다.

이것이 바로 가짜 웃음, 즉 억지로 꾸민 미소다. 싫어하는 사람이나 불편한 사람에게 예의상 웃어야 할 때에는 어색한 미소를 지을 수밖에 없다. 다음에 누군가 무표정한 눈으로 애써 "김치"라고 말하는 듯한 미소를 짓는다면 진짜가 아님을 깨달아라.

입을 꾹 다문 채 웃는 사람 대부분은 진짜 감정을 숨기고 있다. 이런 표정을 지으면서 "걱정 마.", "별거 아니야."라고 말한다면 정반대의 말을 하고 있다고 봐야 한다. 사실은 문제가 심각하고 걱정해야 한다는 뜻이다.

¥ 어색한 미소

위기 상황에서도 웃는 사람은 그로 인해 더 큰 위기를 맞는다. 바로 이런 반응을 전 대통령 지미 카터가 자주 보여 주었다. 많은 사람들이 그가 재선에 실패한 이유를 부적절한 표정 때문이었다고 말한다. 카터는 당시 TV에서 이란 인질사태에 대해 얘기할 때마다 어색하게 웃곤 했다. 이 표정은 사람들을 불쾌하게 만들었고, 카터의 진실성과 신뢰성에 흠집을 냈다. 대부분의 미국인들은 '대체 저 남자는 그렇게 끔찍한 사태가 뭐가 재미있다고 웃고 있는 거야?'라고 생각했기 때문이다. 문제는 카터의 그 부적절한 미소가 불안감의 표현이었음을 사람들이 몰랐던 것이다. 카터의 진지하고 슬픈 말은 미소와 어울리지 않았다. 그 때문에 카터는 나약한 지도자로 비쳤다.

나중에 불행한 소식을 들었을 때 미소 짓는 사람을 본다면, 그도 어쩔 수 없어서 그렇다는 것을 이해하도록 하라. 그것은 불편하고 불안한 마음에 대한 무의식적 반응일 뿐이다.

¥ 입술 깨물기

입술을 깨무는 것은 내면의 분노와 불만을 억누르기 위한 행동이고, 고개를 저으며 아랫입술을 깨무는 것은 화가 많이 났다는 뜻이다.

고(故) 다이애나 황태자비는 많은 사진에서 볼 수 있듯이 자주 입술을 깨물곤 했다. 그것은 귀찮은 사진사들에 대한 적개심을 억누르기 위한 행동이었던 것이다.

☀️입술 핥기

입술을 핥는 데에는 여러 가지 이유가 있다. 진실을 말하지 않거나 초조하기 때문이다. 초조하면 입술이 마르기 때문에 자연히 침을 분비하려고 입술을 핥는 것이다. 또 입술을 핥는 행동은 유혹하기 위한 행동으로 여겨지기도 한다.

✣ 감정을 나타내는 턱 읽기

인류학자 데스몬드 모리스는 턱을 비롯한 얼굴 아랫부분의 움직임을 관찰하면 상대방에 대한 많은 정보와 그의 감정상태를 읽을 수 있다고 주장했다.

☀️화가 났을 때

화가 난 사람은 턱을 앞으로 내미는 경향이 있다. 이 행동은 대부분 위협이나 적대적인 행동으로 여겨진다. 싫어하는 일을 시켰을 때 어린아이들이 턱을 내미는 것을 종종 보았을 것이다. 싫다는 말을 하기 전에 반항의 몸짓으로 턱을 내미는 것이다. 대부분의 사람들이 성인이 되어서도 이런 행동을 한다.

부당한 대접을 받거나 남을 꾸짖으려 할 때 무의식적으로 턱을 내민다. 대화를 나눌 때 상대방의 턱을 보면 그가 화가 났는지를 알 수 있다.

무서울 때

턱을 당기는 것은 두려움의 표현이다. 거북이가 껍질 안으로 들어가듯, 방어적인 반응을 보이는 것이다. 공포영화를 볼 때 턱을 목에 붙이면서 움찔하는 경우가 있다. 턱을 안으로 바싹 당기는 사람은 상대방을 두려워하거나 위기감을 느끼고 있다고 보면 된다.

지루할 때

턱을 손으로 받친다는 것은 상대방의 말에 집중하려고 애쓰고 있다는 의미다. 생각에 잠긴 것 같지만 사실은 지루해서 어떻게든 집중해 보려고 턱을 손으로 받치는 것이다.

集중할 때

턱수염을 만지듯이 턱을 가볍게 쓰다듬으면 상대방의 말에 온 신경을 집중하고 있다는 뜻이다.

비난하거나 잘난 척할 때

남을 비난하고 잘난 척하기 좋아하는 사람은 턱을 올리는 경향이 있다. "나는 너보다 낫다." 또는 "너는 자기가 무슨 말을 하는지도 모르는 바보다."라는 뜻이다.

의심할 때

상대방의 말을 믿을 수 없을 때 자주 턱을 문지르거나 잡는다. 불신감을 들키지 않으려는 무의식적 행동이다.

✚ 코 읽기

코를 만지는 것은 뭔가를 숨길 때 하는 무의식적 행동이며, 남을 속이고 진실을 말하지 않는다는 표시다. 해서는 안 될 말을 했을 때 입을 가리는 것처럼 진실을 감출 때는 코를 만진다.

어느 날 루시는 우연히 대학동창 토드를 만났다. 루시는 그 몇 년 사이에 살이 많이 찌고 주름살도 많아졌다. 토드가 루시와 이야기를 나누면서 그녀에게 보낸 찬사는 사실이 아니었다. 토드는 "더 예뻐진 것 같네."라는 말을 하자마자 코를 만졌다. 옷이 예쁘다고, 좋아 보인다고, 만나서 반갑다고 말할 때에도 무의식적으로 코를 잡았다. 다행히 둘의 대화는 길어지지 않았다. 얘기가 더 길어졌다면 토드의 코는 허물이 벗겨졌을지도 모른다.

⁑ 귀 읽기

무의식적으로 만지는 신체부위 중에는 귀도 포함된다. 검지를 구부려 귀 뒷부분을 긁으면 상대방의 말을 의심하거나 이해할 수 없다는 의미다. 말을 할 때 귀를 잡아당기는 것은 시간을 끌기 위한 몸짓이며, 어떤 반응을 보일지 생각해 보고 싶다는 것이다.

엄지와 검지로 귀를 문지르는 무의식적인 행동은 얘기를 듣고 싶지 않다는 의미다. 상대방의 말이 거짓임을 알고 있을 때 그 말이 귀에 들어오는 것을 막으려는 무의식적 행동이다. 이렇게 행동하는 사람은 상대방의 말에 관심이 없거나 믿지 않는 것이다.

CODE READING

어떤 사람의 성격을 분석할 때에는 반드시 객관적으로 관찰한 다음, 한 단계 깊이 들어가 그 사람을 정서적으로 관찰해야 한다. 성격 유형을 결정하기 전에 사람을 읽을 때에는 지속성이 가장 중요한 요소임을 기억하라. 또한 사람은 무생물이 아님을 잊지 마라. 사람의 성격은 변할 수 있고 또 실제로 변한다.

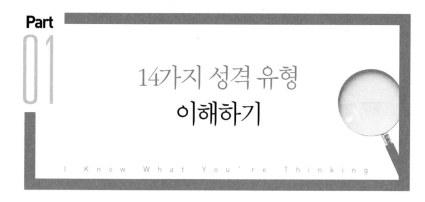

14가지 성격 유형
이해하기

I Know What You're Thinking

　수백 년 동안 성격 유형 분류에 관한 무수한 글이 쓰였다. 고대 그리스의 의사 갈렌부터 지그문트 프로이트와 카를 융을 거쳐 아브라함 매슬로우, 그리고 데이빗 커시 같은 현대의 심리학자에 이르기까지 그 목록은 실로 엄청나다.

　이것으로 수세기에 걸쳐 진정한 자아, 그리고 우주와 조화를 이루는 방법 등의 신비를 풀기 위해 노력해 왔음을 알 수 있다.

　이 세상에는 나쁜 사람도 있는 반면 훌륭하고 존경할 만한 사람도 있다. 의사소통의 코드들을 알게 되면 사람들을 분류할 수 있다. 귀여운 들창코나 크고 남성적인 턱, 고른 치아를 가졌다고 해서 성격이 좋다고 할 수는 없다. 마찬가지로 귀가 크고 매부리코라고 해서 성격이 나쁘다고 할 수도 없다.

성격을 판단하기 위해서는 외모보다는 내면을 보아야 한다. 상대방이 어떤 사람이고, 어떻게 움직이는지, 어떻게 행동하는지, 목소리는 어떤지, 무엇을 말하는지를 살펴보아야 한다.

어떤 사람의 성격을 분석할 때에는 반드시 객관적으로 관찰한 다음, 한 단계 깊이 들어가 그 사람을 정서적으로 관찰해야 한다. 성격 유형을 결정하기 전에 사람을 읽을 때에는 지속성이 가장 중요한 요소임을 기억하라. 또한 사람은 무생물이 아님을 잊지 마라. 사람의 성격은 변할 수 있고 또 실제로 변한다. 그러므로 결론을 내리기 전에 충분한 시간을 두고 관찰할 필요가 있다. 몇 년 전, 심지어 몇 달 전에는 이렇게 행동했던 사람이 어느 날 인생을 바꿀 만한 일 때문에 인생관이 180도 바뀔 수가 있다.

이번 장에서는 성격 유형을 분석해 보고자 한다.

❖ 심리적인 문제

심각한 심리적인 문제 때문에 정상적인 생활을 영위할 수 없는 이들이 상당히 많다. 심리적인 상태에 문제가 있는 사람들을 살펴보자. 정신분열증에 걸린 사람들은 현실 감각이 없고 다른 사람들이 도저히 이해할 수 없는 말을 중얼거린다. 또 본인도 모르게 얼굴과 몸을 독특하게 움직이는 경향도 있다.

마찬가지로 조울증이나 우울증이 있는 사람도 있다. 이들은 독특한 말과 목소리 형태를 갖고 있으며 말을 더듬는 것이나 지나친 수다, 허황된 꿈, 지극히 단조로운 말투, 그리고 아예 말을 하지 않는 것에 이르기까지 그 예는 다양하다. 또 질환에 따라 지나치게 많이 움직일 수도 있고, 얼굴과 몸 근육이 거의 움직이지 않을 수도 있다.

성격장애가 있는 사람들은 남과 어울리기 힘들다. 성격장애는 그들의 말과 말투, 굳은 표정, 때로는 화가 난 듯한 표정에서 드러난다.

이 책에서는 심리 문제에 대해서는 다루지 않는다. 그저 이런 문제들이 존재한다는 사실을 염두에 두고, 성격 유형을 분석할 때 이 점을 잊지 말아야 한다는 말로 충분할 것이다.

☀ 첫인상을 평가할 때의 문제점

상대방을 평가하는 데에는 그리 오랜 시간이 걸리지 않는다. 첫인상은 몇 초 안에 결정된다. 이렇듯 첫인상은 정보가 지극히 적은 상태에서 이루어지기 때문에 위험할 수도 있다.

예를 들어 고등학교 때 데이트 신청을 거절했던 사람과 닮았다는 이유로 어떤 사람을 싫어할 수도 있고, 싫어하던 친척과 닮았다는 이유로, 혹은 자기가 싫어하는 옷을 입었다는 이유만으로 상대방을 싫어할 수도 있다.

이런 식의 부당한 분류와 판단은 편견과 편협, 그리고 무지를 통해 이루어진다. 이제 우리는 이렇게 즉흥적으로 결정하지 않고 각 성격 유형에 대한 정보와 자료를 토대로 정확하고 지혜롭게 판단할 수 있어야 한다.

✛ 14가지 성격 해부하기

대학에 재직하면서 수년 동안 의사소통 분야의 글을 읽고 자료를 수집해 사람들을 실험해본 결과 특정 성격 유형을 가진 사람들은 비슷하게 말하고 행동한다는 것을 발견했다.

비록 깨닫지 못했겠지만 누구나 나와 비슷한 경험을 했을 것이다. 친구와 다투었던 고등학교 시절을 회상해 보라. 또 인생을 10년 단위로 묶어서 돌아보라. 입씨름을 했던 사람들을 떠올려 보고 그들이 당신에게 무슨 말을 어떻게 했는지 기억해 보라. 그들은 당신을 어떻게 쳐다보고 어떻게 행동했는가? 이번엔 사이가 좋았던 사람들을 떠올려 보고 이들의 말투와 표정, 몸짓언어를 떠올려 보라. 일정한 패턴이 보일 것이다.

나아가 의사소통 방법을 토대로 성격 유형에 따라 사람들을 분류할 수 있다. 불량배형은 목소리가 크고 말투에 일관성이 없으며 말을 툭툭 끊어서 하고 자주 얼굴을 찡그린다. 찌푸린 눈썹과 큰 동작, 비난하듯 길게 뻗은 손가락은 상대방을 위협하기 위한 것이다.

낭랑한 목소리로 활기차게 말하는 사람들은 항상 진실을 말한다. 그들은 언제나 미소로 상대방을 반기고 얘기할 때는 상대방과 눈을 맞춘다. 손과 팔을 활기차게 움직여 핵심을 강조하고 얘기할 때 상대방에게 몸을 기울인다. 이들은 진심으로 상대방에게 관심을 가지며 상대방의 가치를 인정한다는 인상을 주는, 진심으로 남을 배려할 줄 아는 정직하고 진실한 사람이다.

아래 목록에는 바람직한 유형보다 바람직하지 않은 유형이 더 많다. 이렇듯 해로운 성격 유형을 더 많이 쓴 이유는 나쁜 사람들을 정확하게 파악하고 당신이 스스로를 보호할 수 있도록 도와주기 위해서이다. 또한 진국형에 좋은 성격의 특징을 다수 적은 이유는 이들 대부분이 해로운 성격의 특징과 반대되기 때문이다.

각 유형은 의사소통의 4가지 코드 즉 언어, 음성, 표정, 몸짓언어를 통해 자세하게 설명되어 있다. 4가지 코드를 종합해 보면 그 사람의 성격에 대해 전반적인 그림을 그릴 수 있을 것이다. 한 가지 코드만으로도 결정적인 단서를 포착할 수도 있지만 4가지 코드를 동시에 활용한다면 좀 더 정확하게 판단하고 그 사람의 진짜 모습을 간파할 수 있을 것이다.

1. 수동적 공격형

 언어 코드

이들은 냉소적인 말을 하거나 상대방을 웃음거리로 만들고는 "농담이야."라는 말을 덧붙인다. 또한 상대방에게 아양을 부리기도 하고 별일이 아닌데도 칭찬을 늘어놓기도 한다.

그중에는 말수가 적고 오랫동안 마음에 품었던 말을 하는 사람도 있다. 몇 년 동안 가슴에 품었던 독설을 어느 날 갑자기 상대에게 퍼붓는다. 평소에는 감정을 억눌렀다가 감정이 폭발했을 때 모두 쏟아내는 것이다.

또한 이들은 솔직하게 대답하지 않는 타입이기도 하다. 말을 아끼고 많은 정보를 드러내지 않는다. 의견을 물으면 "잘 모르겠다."라고 대답하는 경향이 있다.

🕴음성 코드

수동적 공격형은 처음 대화를 시작할 때에는 강하고 활기차게 말하다가 나중에는 알아듣기 힘들 정도로 말끝을 흐리는 경향이 있다. 그리고 목소리가 잘 들리지 않을 정도로 작다. 따라서 상대방으로 하여금 더 크게 말해 달라고 요구하게 만들곤 한다.

때로는 상대방에게 품은 분노를 보상하기 위해서 지나칠 만큼 활기차고 역겨울 정도로 감미롭게 말하기도 한다.

내면의 분노를 숨기기 위해 입을 벌리지 않은 채 콧소리를 내기도 하며, 그 밖에 상대방에 대한 분노와 질투를 단조로운 말투로 표

현하기도 한다. 또는 감정을 억누르기 위해 웃거나 헛기침을 하기
도 한다.

￥ 표정 코드

수동적 공격형은 입을 꾹 다문 채 억지웃음을 짓는다. 입술 끝은
올라가지 않고, 그 어떠한 진짜 웃음의 표시도 보이지 않는 것이 특
징이다. 분노를 억제하기 위해 무의식적으로 아랫입술을 깨물기도
한다.

￥ 몸짓언어 코드

수동적 공격형은 자신의 악감정을 보상하기 위해 신체 접촉을 많
이 한다. 무의식적으로 몸을 앞뒤로 흔들거나 안절부절못하기도
한다. 입에 발린 소리를 잘한다.

발을 까딱거리거나 손가락으로 책상을 톡톡 두드리기도 하고 엉
뚱하게 손과 발을 움직이기도 한다. 말을 할 때 몸은 상대방을 향해
있지만 발끝은 반대쪽을 향하게 하는 것이 수동적 공격형 사람들
의 특징이다.

엄지손가락을 안으로 넣은 채 주먹을 쥐고, 앉아 있을 때 발목을
엇갈리게 꼬기도 하며, 갑자기 고개를 움직이거나 목을 문지르기
도 한다.

상대방의 말에 관심 있다는 표시로 몸을 내밀었다가 갑자기 관심이 없다는 듯 몸을 뒤로 빼기도 하고, 손이 아플 정도로 세게 악수하기도 한다. 말할 때 자신의 부정적인 생각을 억누르기 위해 손을 쓰지 않거나 몸을 꼼짝하지 않기도 한다.

2. 유혹형

⁀언어 코드

능숙한 말솜씨로 사람을 유혹하는 것에 능한 사람들은 원하는 것을 얻기 위해 매력으로 무장하고, 그것을 이용해 우위를 차지하기도 한다. 상대방을 기분 좋게 만들 수 있다면 거리낌 없이 사실을 과장하거나 왜곡하기도 하고 음담패설을 하기도 한다. 상대가 듣고 싶어 하는 말을 하며 아첨한다. 자신감을 얻기 위해 끊임없이 참견하고 관심을 끌려고 한다.

처음에는 다른 사람의 욕구, 근심, 관심거리에 대해 이야기한다. 하지만 상대방과 어느 정도 친해지면 자신의 욕구, 근심, 관심거리로 화제가 옮겨간다. 이들은 특히 말할 때 동정심을 유발하려고 노력한다.

이들은 자신에게 애정을 보여 주는 상대방에게 끊임없이 뭔가를 요구하고, 결국에는 물질적인 것까지 요구하기에 이른다.

이들은 거짓말을 하고도 가책을 느끼지 않으며, 상대방이 거짓말을 눈치채도, 교묘한 말솜씨로 빠져나간다. 원하는 것을 얻기 위해서는 못 할 짓도, 못 할 말도 없다. 그리고 상대방에게서 원하는 것을 얻으면 다음 먹잇감을 찾아 미련 없이 떠난다.

∤ 음성 코드

유혹형 여성은 억지로 귀엽게 말하며 목소리가 높고 헐떡이는 듯하다. 혀짧은 소리를 내기도 하고 키득거리기도 한다.

유혹형의 남성은 섹시한 음성을 만들기 위해 목소리를 내리깐다. 이 유형의 남녀 모두 낮고 감미롭게 말하며 많이 웃는다.

∤ 표정 코드

유혹형은 절대 시선을 피하지 않으며, 일반적으로 시선이 마주치는 2~3초 이상 상대방을 계속 응시한다. 항상 미소를 띠거나 눈이 반짝인다.

이들은 눈을 맞춘 상태에서 입술을 약간 내미는 등, 유혹적인 표정을 다양하게 짓는다. 그리고 상대방을 성적으로 자극하기 위해 아랫입술을 살짝 내미는 경향이 있다.

♟️ 몸짓언어 코드

유혹형의 사람들은 이야기를 나눌 때 관심의 표시로 상대방 쪽으로 머리를 기울인다. 상대의 말에 동의하든 안 하든 무조건 고개를 끄덕인다. 이들의 목표는 상대방의 호감을 사는 것이기 때문이다.

이들은 대부분 상대방의 동작을 흉내 내고 남의 공간을 침범하길 잘하며, 매력을 과시하기 위해 가까이 접근하기도 한다. 자신의 뜻을 알리고 동의를 얻기 위해 우연히 스친 것처럼 교묘하게 접촉을 시도하기도 하는 대담성도 가지고 있다. 이들은 몸을 상대방 쪽으로 기울이고, 상대를 지배하기 위해 오랫동안 몸을 가까이한다.

유혹형은 자세와 몸이 느긋하고 편안하다. 어깨와 골반의 움직임이 당당하고 관심을 끌기 위해 어깨를 쭉 펴는 경향이 많다. 다리는 서서히 율동적으로 움직인다.

이들은 목걸이나 머리카락을 만지작거리기도 하며, 사람들의 시선을 끌기 위해 목이나 입에 손가락을 갖다 대기도 한다. 도발적이고 섹시한 옷을 입는데 이는 먹잇감을 유혹하겠다는 또 다른 신호다.

3. 피해의식형

♟️ 언어 코드

피해의식형은 항상 불평하고, 자신을 괴롭히는 사람에 대해 끊임없이 이야기한다. 자신은 아무 잘못이 없다고 생각하기 때문에 늘 남을 탓한다. 자기가 잘못하고도 다른 사람을 탓하며, 자주 의기소침해 하고, 자신을 피해자로 생각한다.

￥음성 코드

피해의식형의 목소리는 작고 톤이 높으며 말끝을 높인다. 웅얼거리는 경향이 있고 콧소리를 내기 때문에 말이 잘 들리지 않는다. "제발 나를 공격하지 마세요. 나는 연약하답니다."라고 말하는 듯 작고 부드러운 음성이다. 이런 음성은 내면의 슬픔과 그로 인한 무력감을 나타낸다. 목소리가 지루하기 때문에 사람들과 대화하기 어렵다. 또한 자신의 뜻을 제대로 전달하지 못하는 결점을 갖고 있다.

￥표정 코드

이들은 눈을 가늘게 뜨는 것처럼 보인다. 눈썹과 눈꺼풀 주위의 근육이 긴장하기 때문이다. 이마에는 주름이 잡히고, 말할 때 시선을 피하는 경향이 있으며, 슬픔과 불안함의 표시로 입술을 깨물기도 한다.

⁂ 몸짓언어 코드

　피해의식형은 몸짓과 자세에 자신감이 없어 보인다. 축 늘어진 어깨에 방어수단으로 팔짱을 끼는 경우가 많고, 고개를 숙인 채 사람들을 올려다보는 경향이 있다.

　자기 행동의 타당성을 설명할 때 안절부절못하며 침착하지 못하고 몸을 앞뒤로 흔든다. 손을 비틀거나 손톱을 물어뜯는 일도 흔하다. 자신감이 없고 극도로 불안정하며, 안정감을 느끼기 위해 말을 할 때 팔이나 다리를 잡곤 한다. 앉을 때는 불안감을 해소하기 위해 한쪽 다리로 다른 다리를 세게 포갠다.

4. 냉정형

⁂ 언어 코드

　냉정형은 말수가 적고 속내를 잘 표현하지 않는다. 특히 감정표현에 인색하며, 말을 할 때에는 지나칠 정도로 또박또박 말한다. 꼭 필요한 대답만 하고 남에게 먼저 말을 거는 일이 거의 없다. 감정을 표현하지 않기 때문에 무슨 생각을 하고 있는지 좀처럼 알 수가 없다.

보통 시키는 일만 하고 극단적으로 업무 지향적이다. 수동적 공격형처럼 위협을 느껴서 난폭한 말로 폭발할 때까지는 느긋한 사람처럼 보이기도 한다.

★ 음성 코드

냉정형은 감정을 드러내지 않고 같은 톤으로 말한다. 감정표현 없이 원칙대로만 하는 경향이 있기 때문에 이들을 읽기란 쉽지 않다.

★ 표정 코드

냉정형은 턱이 경직되고 멍한 표정을 자주 짓는다. 좀처럼 시선을 마주치지 않으며 진실함이 없는 가짜 웃음을 짓는다. 불편한 문제를 이야기할 때는 하품을 자주 한다. 감정적인 문제에 대해 얘기할 때는 침을 삼키기도 한다.

★ 몸짓언어 코드

냉정형의 자세는 대단히 뻣뻣하다. 이들의 기계적인 몸짓이 차 갑고 융통성 없어 보이기 때문에 상대방을 불편하게 만든다.

동작이 조심스럽고 신체 접촉이 거의 없다. 안을 때도 몸이 뻣뻣 하고 어색하다. 자신의 팔로 몸을 감싸거나 팔짱을 끼는 경우가 많 다. 꼿꼿이 세운 고개는 방어적인 태도와 엄격함을 나타낸다.

손을 무릎에 올려놓거나 손끝을 마주 대고 뾰족하게 만들기 때문 에 다른 사람을 비판하는 것처럼 보인다. 유대관계를 맺지 않기 위 해 악수할 때 서서히 손힘을 뺀다. 타인과 연결되는 것을 싫어하기 때문에 거리를 유지하며, 자신의 영역과 조직 외의 상황에서는 불 안감을 느끼기도 한다.

5. 소심형

🕴 언어 코드

전형적인 소심형은 말이 적다. 문제를 일으킬까 봐 마음에 있는 말을 하지 못하는 경우가 많으며, 대부분 마음이 약하다. "모르겠 다."는 말을 자주 하고 자기 관점을 제대로 고수하지 못한다. 앞에 나서지 않고 스스로를 부정적으로 말한다. 언제나 자신을 깎아내 리며, 주저하고 자신 없이 말한다.

🏃음성 코드

소심형은 대부분 목소리가 작다. 또한 떨리는 목소리에는 망설임과 주저함이 드러난다. 실수하지 않으려고 천천히 말하기도 한다.

🏃표정 코드

소심형은 늘 시선을 피하려 하고 어쩌다 상대방과 눈이 마주치면 먼저 시선을 돌린다. 얼굴에는 두려운 기색이 역력하고 눈에서도 공포와 긴장감이 엿보인다. 눈썹을 자주 찌푸리기도 하며, 아랫입술을 깨물기도 한다. 어떤 문제를 피할 수 없으면 뺨이 붉어진다.

🏃몸짓언어 코드

소심형은 머리를 자주 긁는데, 이는 당황하고 있다는 의미다. 악수할 때 손에 힘이 없는 것처럼 목소리에도 힘이 없다. 대부분 어깨를 구부정하게 하고 몸을 앞으로 숙인다. 몸을 앞뒤로 흔들기도 하며, 팔짱을 끼는 일이 많다. 긴장하고 불편하면 자기 몸이나 물건을 붙잡는다.

6. 거짓말쟁이형

✦ 언어 코드

거짓말쟁이는 자주 옆길로 빠지고 묻지도 않은 말까지 주절댄다. 적당히 둘러대고 장황하게 말한다. 말을 할 때 "음", "저기", "그러니까" 같은 말을 자주 하고 머뭇거리는 경향이 많다.

유혹형처럼 거짓말쟁이형은 원하는 것을 얻기 위해 자신의 매력을 이용한다. 이중적인 거짓말쟁이형은 상대방을 치켜세우다가 결국엔 비참하게 만든다. 중요한 사람처럼 보이기 위해 남에 대한 이야기를 상대방에게 전한다.

✦ 음성 코드

거짓말쟁이형의 목소리는 느긋하고 생기가 없다. 거짓말을 할 때에는 목소리가 높아진다.

✦ 표정 코드

거짓말쟁이의 눈은 두 가지 현상을 보인다. 말할 때 의도적으로 시선을 피하거나, 뚫어지게 바라본다. 입을 꾹 다문 채 눈가에 주름이 지지 않는 억지웃음을 웃는다. 그 밖에 다른 가짜 표정도 자주 짓는다.

눈을 자주 깜박거리고, 말을 하거나 상대방의 말을 들을 때 손가락을 입술 위에 대거나 손으로 입을 가리곤 한다.

🕴 몸짓언어 코드

거짓말쟁이형 중에서 남자는 거짓말을 할 때 넥타이를 느슨하게 푸는 반면, 여자는 손을 목에 갖다 댄다. 말할 때에는 손을 숨기거나 안절부절못한다. 불안하고 불편하면 몸을 앞뒤로 흔든다. 간혹 정반대로 미동도 하지 않고 앉거나 서는 경우도 있는데, 지나치게 꼼짝도 하지 않아 뻣뻣해 보일 정도다.

거짓말하는 사람은 자신이 지어낸 이야기를 생각해야 하기 때문에 손을 움직이지 않는다. 말을 하는 동안 몸짓이 점점 줄어드는 것을 볼 수 있다.

발을 보면 거짓말을 하고 있음을 보다 쉽게 알 수 있다. 발을 허공에서 까딱거리기도 하고, 발가락은 상체와 다른 방향을 가리키기도 한다. 그 외에도 한쪽 어깨를 으쓱하는 경우를 자주 볼 수 있다. 사람들과 신체 접촉을 많이 하지만, 이것은 상대방을 지배하기 위한 적대적 접촉이다.

7. 자기도취형

☀️언어 코드

자기도취형은 자신에 대해서만 이야기하고 아무리 칭찬을 해도 만족할 줄 모른다. 상대방이 듣고 싶어 하지 않아도 자신에 대한 얘기를 시시콜콜 늘어놓으며, 사람들에게 충격을 주고 관심을 끌기 위해 적당하지 않은 주제를 꺼낸다.

'나', '나의' 라는 말을 많이 쓴다. 화제가 자신에 대한 것이 아니면 관심을 갖지 않는다. 따분함을 덜기 위해 결국에는 다시 자기 이야기를 늘어놓기 시작한다.

☀️음성 코드

자기도취형의 목소리는 크고 불쾌하게 들린다. 가능한 한 많은 사람에게 자기 말을 들려주려는 것이다. 화제가 자신에 대한 것일 때는 대단히 활기차고 쾌활한 목소리로 말하지만, 그렇지 않을 때에는 맥 빠지고 낮은 목소리로 말한다.

🧍 표정 코드

무시당하면 억지웃음을 짓는다. 반대로 관심을 받을 때에는 환하게 진짜 웃음을 짓는다. 인정받을 때에는 얼굴에서 빛이 나는 것처럼 보인다. 자신에게 관심을 보이는 사람과 시선을 맞추지만 그것도 자기 얘기를 할 때뿐이다.

자신에게 관심을 가질 만한 사람을 찾아 사방을 둘러보고, 또는 사람들이 자신을 보고 있는지 확인하기 위해 사람들을 바라본다.

🧍 몸짓언어 코드

자기도취형은 멋있고 중요한 사람처럼 보이기 위해 꼿꼿한 자세를 취한다. 자기에 대한 이야기가 아니면 뒤로 기대고 구부정하게 앉거나 머리를 손으로 받치기도 한다.

앉을 때에는 다리를 앞으로 쭉 뻗는다. 자기 존재를 알리기 위해 손과 팔을 많이 쓰며, 거리낌 없이 상대방에게 신체 접촉을 하는 경향이 있다.

8. 속물형

⭐ 언어 코드

속물형은 남을 무시하는 듯한 태도로 경멸하듯 말하기 때문에 말이 기계적이고 딱딱하다.

말이 빠르고 항상 대답할 말을 준비한다. 눈이 날카롭고 대부분 화제를 주도한다. 성공하기 위해서는 좋은 연줄이 있어야 한다는 것을 잘 알고 있기 때문에 사회적으로 비중 있는 사람들에게 아부하기를 좋아한다. 남에게 과시하기 위해 최신 유행 속어나 어려운 말을 하고 사투리나 속어를 쓰는 경향이 있다.

속물형이 가장 두려워하는 것은 외면당하고 혼자 남는 것이다. 외톨이가 되기보다는 열등해 보이는 사람과 얘기하는 게 낫다고 생각한다. 이들은 고독을 싫어한다. 또한 속물형은 자기도취형처럼 자기 말을 들어주는 사람을 원한다. 또 자기중심적으로 이야기하고 자기가 훌륭한 사람이라는 것을 자랑하기 위해 '나'라는 말을 많이 쓴다. 한번 이야기를 시작하면 끝이 없고 누가 끼어들려 하면 무시한다.

⭐ 음성 코드

말할 때 입을 크게 벌리지 않고 콧소리를 낸다. 대부분 신중하고 툭툭 끊어지듯 말하며 발음이 정확해서 비판적인 사람이라는 인상을 준다. 게다가 자신보다 열등하다고 여기는 사람들에겐 짜증내듯 새된 소리를 낸다.

🏃표정 코드

속물형은 입술 양끝을 당겨 턱에 주름이 생기는 억지웃음을 짓곤 한다. 또 억지웃음을 지을 때는 턱을 올리고 내려다본다. 심지어 눈썹을 올리고 입술은 오므린 채 눈을 감기도 한다. 상대방의 말이 마음에 들지 않으면 갑자기 고개를 젖히기도 한다. 이들은 언제나 가장 영향력 있고 도움이 될 만한 사람을 찾아 부지런히 눈을 굴린다.

🏃몸짓언어 코드

이들은 사람들과 거리를 유지하기 위해 곧고 뻣뻣한 자세로 몸을 뒤로 젖힌다. 허리춤에 손을 얹은 채 팔꿈치를 벌린 자세를 종종 취하기도 한다. 말을 할 때 손등을 보이는 경우가 많고, 지루할 때에는 손가락을 깍지 낀 채 양손 엄지를 돌린다.

9. 경쟁형

🏃언어 코드

경쟁형은 무슨 말을 하든 상대방을 이기려 하고 자주 끼어든다. 상대방이 귀여운 강아지가 있다고 말하면, 자신에게는 더 크고 혈통이 좋은 개가 있다고 이야기하는 식이다.

이들은 사사건건 꼬투리를 잡으려고 애쓴다. 아무리 좋은 말이나 별 생각 없이 한 말에도 트집을 잡는다. 동의를 하든 안 하든 간에 무조건 반대하고 본다. 어쩌다 동의한다 해도 우위를 차지하기 위해 단점을 찾거나 보충하는 말을 덧붙인다.

🤸 음성 코드

말이 빠르고 다른 사람이 자기 말에 끼어드는 것을 참지 못한다. 질투심 때문에 긴장된 목소리로 말한다.

🤸 표정 코드

경쟁형은 타인과 시선이 마주치는 것을 불편해한다. 때문에 사방을 둘러보기도 하며, 곁눈질을 하기도 한다.

상대방이 자신보다 더 낫다는 것을 알면 침을 삼키거나 입술을 핥는다. 상대방에게 좋은 일이 생겼다는 말을 들으면 표정이 바뀐다. 이들은 남이 잘되는 것을 좋아하지 않는다. 마음 깊은 곳에 질투와 부러움을 품고 있다. 프로이트의 말처럼 언제나 상대방을 파멸시키려 한다.

🏃 몸짓언어 코드

경쟁형의 몸은 질투심 때문에 경직되어 있다. 이들은 경쟁상대와 물리적 거리를 유지한다.

정보를 얻기 위해 어쩔 수 없이 인간관계를 맺어야 하는 경우, 과장된 몸짓으로 등을 두드리거나 악수나 포옹을 하기도 한다. 악수를 할 때 상대방에게 위압감을 주기 위해 무의식적으로 힘을 주는 경향이 있다.

상대방에게 위협을 느낄 경우, 우위를 차지하기 위해 신체 접촉을 하거나 팔짱을 끼기도 하고, 주먹을 쥐기도 한다.

10. 희생형

🏃 언어 코드

희생형의 사람들은 개방적이고 표현을 잘하며 의사소통이 원활하다. 특정 사람과 상황에 대해 정서적으로 어떤 느낌을 갖는지를 이야기한다. 행복, 슬픔, 분노를 느끼거나 상대방이 의심스러울 때,

혹은 누군가를 사랑할 때 솔직하게 이야기한다. 이들은 진실한 감정을 표현하면서 자신의 것을 많이 베푼다. 자신보다는 상대방과 상대방의 경험에 대해 이야기하고 배려한다. 이기적이지 않고 언제나 상대방에게 관심을 갖는다.

이들은 상대방의 질문과 걱정에 예민하게 반응하며, 관대하고 시간을 들여 설명하며 좋은 정보를 준다. 남의 말을 잘 들어주고 잘난 척하는 일이 거의 없다. 겸손한 이들은 칭찬과 상대방을 기쁘게 해주기 위한 다정한 말을 많이 한다. 무례하거나 상처 주는 말을 하지 않으며, 좋은 말이나 도움이 될 만한 말을 많이 해 준다.

⭐ 음성 코드

희생형의 목소리는 상냥하고 듣기 좋으며, 따뜻하고 섬세하다. 부드럽고 감미로워서 마음이 편해진다.

⭐ 표정 코드

희생형의 사람들은 상대방의 눈을 똑바로 바라본다. 이들은 동정과 관심 어린 표정을 짓고 공감하는 듯한 눈길을 보낸다. 언제나 환한 미소를 짓는 이들과는 누구라도 친구가 될 수 있다.

♀ 몸짓언어 코드

희생형은 신체 접촉을 많이 하는 경향이 있으며, 그 손길은 따뜻하고 솔직하다. 악수할 때에는 손에 적당하게 힘을 준다. 한 손을 상대방의 손에 얹으면서 양손으로 악수하는 경우가 많다. 그래서 상대방은 환영받는다는 느낌을 받는다. 대화할 때에는 몸을 앞으로 내밀기도 한다.

걷거나 서 있을 때에는 남의 눈에 띄지 않으려 하고 몸짓과 자세가 조심스럽다. 어떤 공간에 들어갈 때에는 약간 등을 웅크리고 발끝으로 조심스레 걷는다.

11. 불량배형

♀ 언어 코드

이들은 언제나 다른 사람을 적대적인 말로 공격할 태세를 갖추고 있다. 앞에서나 뒤에서나 다른 사람을 쓰레기 취급하기 때문에 입에서 좋은 말이 나오는 법이 거의 없다. 이들의 목표는 상대방을 중상모략하는 것이다. 공격적으로 말하고 언제든 말싸움을 대비하기 때문에 상대방을 무시하거나 말로써 상대방을 만신창이로 만든다. 그들이 원하는 대로 하지 않으면 틀림없이 안 좋은 일이 일어난다.

이들은 상대방과 안면이 있든 없든 인생을 이러저러하게 살라고 충고하고, 묻지도 않았는데 자기 의견을 말한다. 독선적이고 고집이 세며 사고가 경직되어 있다. 이들은 절대로 타협하거나 사과하지 않으며 자기 잘못을 인정하는 일이 없다.

이들은 부정적이고 적대적인 말을 많이 하며 항상 욕을 입에 달고 다닌다. 또한 무슨 일이나 일반화해서 말하는 경향이 있다. 무뚝뚝하고 인간관계에 서툴며 순식간에 상대방을 무참하게 짓밟는다. 대화를 주도하기 위해 다른 사람의 말을 방해한다.

남을 비난하기 좋아하며, 상대방을 윽박질러 싫은 일을 강제로 시킨다.

음성 코드

불량배형의 목소리는 항상 대단한 일이 벌어진 것처럼 크고 소란스럽다. 그 공격적인 목소리는 걸핏하면 싸우려 드는 분위기를 자아내고, 자신과 타인에 대한 내면의 적개심과 분노를 드러낸다. 남을 위협할 때의 목소리는 빠르고 툭툭 끊어져서 불쾌하고 공격적이다.

표정 코드

불량배형은 대개 눈썹을 찌푸리고 말한다. 가늘게 뜬 눈은 벌름

거리는 콧구멍과 날카롭고 강렬한 시선과 완벽한 조화를 이루어 긴장된 표정을 짓는다. 분노와 적개심을 나타내는 공격의 신호로 아래턱을 앞으로 내미는 경향이 있다.

🏃 몸짓언어 코드

이들은 예의가 없다. 다른 사람을 아프게 만지고 악수할 때 지나치게 세게 쥔다. 항상 자기 방식을 고집하며, 요란한 소리를 내며 걷는다. 또한 앞으로 자세를 내밀어 공격성을 드러낸다.

12. 익살꾼형

🏃 언어 코드

익살꾼형은 항상 즐겁게 살고, 재치 있는 말솜씨 때문에 늘 주위에 사람들이 몰려든다. 인생을 장난처럼 생각하는 것으로 보이지만 사실은 대단히 예민하고 사랑받고 싶은 욕구가 강하다. 그뿐만 아니라 열등감 때문에 사람들을 즐겁게 해 주고 인정받으려 한다.

이들은 칭찬에 후하고 상대방의 말에 적절히 응수한다. 두뇌가 명석하고 생각이 많기 때문에 다양한 화제를 넘나들면서 단편적으로 말하는 경우가 많다. 그래서 유치하게 보이기도 한다. 이따금 갑자기 농담을 하거나 옆길로 새는 경우가 있어서 이들의 말을 따라가기 어려울 때도 있다. 사랑받고 싶어 하기 때문에 상대방에게 기분 좋은 말은 무엇이든 한다. 아낌없이 칭찬하고 대부분 누구에게나 듣기 좋게 말한다.

🕺 음성 코드

이들의 목소리는 대부분 크고 활기차다. 많이 웃고 사교적이며 인기가 많다. 끊임없이 얘기하고 큰 소리로 말을 하기 때문에 목소리가 쉰 것처럼 들리기도 한다.

아이처럼 흥분해서 말하기도 하며, 평범한 이야기라도 이들의 열정적인 목소리로 들으면 재미있게 들린다. 억양을 자주 바꾸고 다양한 감정을 넣어 활기차게 말하기 때문에 누구나 쉽게 이해할 수 있다.

🕺 표정 코드

익살꾼형의 입은 말을 하지 않을 때에도 약간 벌어져 있다. 언제라도 말할 준비를 하거나 다른 사람의 말을 가로챌 기회를 엿보고 있기 때문이다. 말할 때 숨을 많이 들이쉬는 경향이 있어서 어린아이처럼 가슴이 오르내리는 것을 볼 수 있다.

198

표정에는 생기가 넘치지만 말을 하면서 사방을 둘러보기 때문에 시선을 피하는 경우가 많다. 하지만 자신을 좋아하는 사람은 뚫어질 듯 바라본다.

주위에 사람이 많으면 한 사람에게만 시선을 고정하지 않는다. 어쩌다가 특정 인물에게 시선을 고정하더라도 오래는 가지 않는다. 옆을 지나가거나 방에 들어온 사람에게 제일 먼저 시선을 보내는 이들 역시 바로 익살꾼형이다.

🕴️몸짓언어 코드

익살꾼형은 잠시도 가만히 있지를 못한다. 이들에게 가만히 앉아 있으라는 말은 고문에 가깝다. 신체 접촉을 많이 하고 남들 또한 자신을 많이 만져 주길 바란다. 신체 접촉이 없으면 대화가 불가능해 보일 정도다. 상대방의 공간이나 경계가 안중에 없기 때문에 선의의 다정한 신체 접촉으로 낭패를 보기도 한다.

때때로 상황파악을 제대로 하지 못하고 상대방과 지나치게 가까이 서기도 한다. 이들이 조금씩 다가갈 때 사람들이 뒤로 물러서는 것은 당연한 일이다. 누구나 자기 영역을 침범당하는 것을 불편해하기 때문이다.

얘기할 때 상대방에게 기대는 경향이 있다. 그 사람을 좋아한다는 신호다. 사실 어떻게 보면 이들은 누구나 좋아한다. 그렇지만 불행히도 모두가 이들처럼 생각하는 것은 아니다. 그리고 지나치게 친근한 행동 때문에 난처한 상황에 처할 수도 있다. 자기 말을 강조하기 위해 팔과 손을 많이 사용한다.

13. 무의식형

🕴️ 언어 코드

이들은 알아듣기 어려울 만큼 띄엄띄엄 말한다. 생각이 많기 때문에 좀처럼 효율적으로 전달하지 못하기도 한다. 그래서 이들의 말은 이해하기 어렵고 오해를 받는 경우가 많다. 이 생각 저 생각을 하고 금방금방 화제를 바꾸기 때문에 자기 자신을 제외하고는 그 누구도 이들의 생각을 이해할 수가 없다.

어린아이처럼 그때그때 떠오르는 생각들을 정리하지 않은 채 충동적으로 내뱉는다. 그 결과 그럴 의도가 전혀 없는데도 불구하고 퉁명스럽고 무신경해 보이며, 상대방의 마음에 상처를 주기도 한다. 또한 이들은 실수를 반복해서 항상 곤경에 빠지는 것처럼 보인다.

사람들은 이 무의식적인 수다쟁이를 알고 보면 재미있는 사람으로 생각하거나 그저 짜증나고 귀찮은 존재로 무시한다. 이들은 목소리가 크거나 말이 많다. 어떤 사람을 칭찬할 때는 진실하고 솔직하지만 때로는 지나치게 솔직해서 분별력이 없어 보인다. 때론 혼잣말을 하기도 하고 상대방이 누구든 신경 쓰지 않는다.

사교술이 부족하고 미묘한 표현을 이해하지 못한다. 쉽게 자기 생각에 빠지는 버릇이 있기 때문에 남의 말에 집중하지 못한다. 행동 또한 하고 싶은 대로 한다.

🕴음성 코드

무의식형의 말은 이해하기 어렵다. 지나치게 감정적이고 느닷없이 활기찬 목소리로 웅얼거리기 때문이다. 자기 생각에 깊이 빠져 있기 때문에 혼잣말을 하는 경향이 있다. 입을 크게 벌려 정확하게 발음하지 않기 때문에 콧소리가 난다. 말끝을 흐리는 경향이 있어서 무슨 말인지 이해하기 힘들다. 말의 속도도 극단적이어서 너무 빠르거나 너무 느린가 하면, 너무 크거나 너무 작다. 재미있는 일이 생각나면 다른 사람에게 얘기하지 않은 채 혼자 크게 웃곤 한다.

🕴표정 코드

곧잘 자기 생각에 골몰하기 때문에 눈이 멍해 보인다. 시선을 잘 맞추지 않고, 상대방을 좀처럼 똑바로 바라보지 않는다. 외모에는 거의 신경 쓰지 않는다. 말할 때 보면 입가나 입술에 침이 묻어 있는 경우가 많다.

🏃 몸짓언어 코드

무의식형의 자세는 단정하지 못하다. 어깨를 구부정하게 하고 고개를 푹 숙이며 배를 내미는 경우가 많다. 또한 상대방이 불편해할 만큼 너무 가깝게 접근하는 경향이 있다.

몸짓은 크고 우스꽝스럽다. 팔 동작이 크고 지나치게 손을 까불거리며, 무릎을 꿇거나 책상다리를 하고 앉는 경우가 많다.

이들은 몸 냄새나 몸단장, 청결에 대해서는 무신경한 편이다. 무의식적이기 때문에 물건을 자주 잃어버린다. 무책임한 사람의 전형이다.

14. 진국형

🏃 언어 코드

이들은 친절하고 예의 바르며 애정을 담아 이야기한다. 말하기 전에 생각하기 때문에 말실수를 하는 법이 거의 없다. 자신의 말과 행동에 책임을 지며, 진심으로 칭찬하고 긍정적으로 말하는 낙천주의자다.

행동의 결과에 책임져야 한다는 것을 안다. 마음속에 있는 생각과 겉으로 표현한 말이 일치한다. 상대방을 있는 그대로 받아들이고 평가하지 않는다. 자기 자신보다는 주위 사람들에게 더 많은 관심을 갖는다. 그러므로 대부분 자신이 아니라 상대방에 대해 이야기한다. 상대방과 정보를 공유하고 일방적인 설교가 아니라 대화를 하도록 신경 쓴다.

이들은 현실적이고 겸손하며 가식이 없다. 건전한 유머감각을 갖고 있으며, 어떤 사람을 비웃어서 웃음을 끌어내지 않는다.

냉소적이지 않고 다른 사람을 중상모략하지 않는다. 직선적이고 정확하게 핵심을 말하며 누구나 이해하기 쉽게 이야기한다. 상대방의 말에 진심으로 귀를 기울인다. 매사에 감사하고 감사의 마음을 진심으로 표현한다.

음성 코드

진국형은 감정을 다양하게 표현한다. 대화를 나눌 때 상황에 적합한 감정을 표현한다. 화가 났을 때, 행복할 때, 두려울 때, 확신이 없을 때, 목소리에서 바로 그 감정이 묻어난다. 목소리의 높낮이와 크기는 화제에 따라 달라진다.

발음이 정확하고 목소리는 깊고 풍성하며 낭랑하게 울린다. 생기 있는 목소리에는 인생에 대한 열정이 담겨 있으며, 자꾸만 귀를 기울이게 만든다.

🏃 표정 코드

진국형의 사람들은 상대방의 눈을 지그시 응시한다. 평소에는 느긋한 표정으로 풍부한 감수성을 나타낸다. 이들의 얼굴은 자연스럽고 대화 중에 자주 미소를 짓는다. 웃을 때에는 입술 끝이 올라가고 눈가에는 주름이 지며 기쁨과 행복을 표현한다.

🏃 몸짓언어 코드

동작이 유연하고 여유 있기 때문에 매력적이고 사람들을 편안하게 만든다. 다른 사람과 접촉하는 것을 두려워하지 않기 때문에 말을 할 때 상대방에게 몸을 기울인다. 상대방에게 용기를 주고 고개를 끄덕이며 적극적으로 관심을 표현한다. 자세가 자연스럽고 느긋하지만, 고개를 바로 하고 어깨를 펴며 등을 세우는 등, 강한 면이 엿보이기도 한다.

몸짓이 당당하고 핵심을 표현하기 위해 손과 팔을 효율적으로 사용한다. 앉아 있을 때에는 다리를 약간 벌리거나 꼰다. 발은 바닥에 붙이고 상대방을 향해 놓는다.

이제는 4가지 의사소통의 코드가 상대방의 성격을 정확하게 판단하는 데 왜 중요한지 알게 되었을 것이다. 새로 얻은 이 지혜를 통해 당신은 상대방을 새로운 눈과 새로운 귀로 보고 들을 것이다. 상대방에 대한 자료가 많을수록 그를 정확하게 판단할 확률이 높아진다. 이를 통해 상대방을 대하는 법과 오래도록 함께 할 사람인지 아닌지를 판단할 수 있을 것이다.

성격 유형을 이해하면 사람들과 효율적으로 대화를 나눌 수 있다. 새로 얻은 통찰력으로 말미암아 타인을 판단하고 관계를 맺을 때 실수를 줄일 수 있으며, 상대방을 과거보다 더 많은 애정으로 대하게 되고 더욱 관대해질 것이다.

상대를 내 편으로 만드는
패턴 기술

과학자들이 전자 현미경 같은 첨단기기를 발명하고 그 사용법을 익힘으로써 과거에는 상상도 못한 것들을 볼 수 있었다. 이와 마찬가지로, 고대 그리스와 로마인들은 친구와 적을 빨리 판단하고 상대방의 정체를 파악하는 것이 얼마나 중요한지를 정확하게 인식했다. 이들의 문화가 존속할 수 있었던 것은 바로 그 때문이었다. 마찬가지로 모든 주요 종교의 가르침도 상대방을 파악한다는 이 개념에 대해 이야기한다. 사실 유교의 가르침은 대부분 사람들의 구체적인 성격 유형과 그 성격이 자신에게 미치는 영향을 인식하는 것을 기반으로 한다. 또한 유대교의 탈무드와 이슬람의 코란 모두 인간관계에 영향을 미칠 수 있는 사람들의 특징을 파악해야 한다고 주장한다.

이처럼 새롭게 개발하고 익힌 4가지 코드와 성격 유형을 통해 사람들을 자세하게 살펴보고 더 크게 볼 수 있게 되었다.

각 유형의 구체적인 정보를 종합적으로 살펴보면 한 사람의 감정 상태와 성격의 특징을 정확하게 이해할 수 있다.

사람들을 신중하고 객관적으로 판단해라. 그리고 그 정보를 통해 상대방의 유형을 파악하라. 그다음 그들이 솔직한지 아닌지, 또는 만남을 계속해도 될 사람인지를 결정하라. 많은 관찰을 통해 마침내 우리는 그들이 우리 인생에서 어떤 역할을 할 것인지를 정확하게 판단할 수 있을 것이다.

❖ 4가지 코드 활용법

대부분은 상대방을 읽는다는 개념을 낯설어하지만 사실은 누구나 4가지 코드 중 한두 가지에 의존해 사람들을 읽고 있다. 하지만 한두 가지 코드만 가지고는 상대방을 정확하게 평가했는지를 확신할 수 없다는 것이 문제다.

이 책이 나오기 전에는 4가지 코드를 동시에 살피면서 상대방을 읽어 낼 방법이 전혀 없었다. 때문에 나는 4가지 방법을 활용해 상대방의 행동을 관찰하고 상대방의 성격 유형과 감정상태에 기초해 행동을 분류하는 방법을 만들었다. 지금까지는 상대방에 대한 느낌을 통해 사람들을 보라고 말했다. 따라서 이제부터는 사람을 평가할 때 자신의 본능을 믿을 수 있을 것이다.

사람 읽기 연습을 많이 할수록 정서적, 육체적 도구뿐 아니라 지적, 정신적 도구가 더욱 연마되고 예리해지게 된다. 이로 인해 여러 신경조직과 감각기능이 하나로 통합되어 두뇌 기능도 더 좋아진다. 바로 올바른 결정을 내릴 수 있게 되고, 그 누구라도 당당하게 대할 수 있게 될 것이다.

1.본능을 거부하지 말라

목소리는 거짓말을 하지 않는다. 얼굴도 거짓말을 하지 않는다. 몸짓도 거짓말을 하지 않는다. 말의 내용과 말하는 방법도 거짓말을 하지 않는다. 그러나 불행하게도 사람들은 자기 자신에게 거짓말을 한다.

하지만 이 책을 읽은 다음 여러 가지 도구를 종합해 보면 더 이상 자기 자신에게 거짓말을 할 필요가 없다. 억지로 내키지 않는 감정에 따라갈 필요가 없다. 위험하고 불필요한 모험이다. 본능을 거부하지 마라.

이런 깨달음으로 무장한다면, 처음 만나는 사람도 꿰뚫어 볼 수 있다. 그리고 마침내 자기의 감정을 더욱 정확하게 읽어 내고 무엇이 진실이고 아닌지를 알게 될 것이다.

인생은 선택의 연속이다. 모든 사람을 좋아할 수도 없고, 당신의 인생을 비참하게 만들 나쁜 사람은 분명히 존재한다. 반면, 당신의 인생을 풍요롭게 만들어 주며 기쁨을 안겨 줄 사람도 있다.

일단 상대방에 대한 결정을 내리면 그 결정에 입각해 행동으로 옮겨라. 상대방이 나쁜 사람이라는 판단을 내렸다면 다시 만나는 것을 고려해 보라. 본능에 따라 그 사람을 상대하지 마라. 업무나 가족관계 때문에 어쩔 수 없이 상대해야 한다면 조심하라.

잊지 말 것은 다른 사람을 자기 생각대로 만들 수는 없다는 것이다. 상대방을 바꾸려는 당신의 생각은 좀처럼 성공하지 못할 것이다. 언젠가 당신에게 피해 줄 것을 알면서도 계속 상대한다면 마음의 상처뿐 아니라 병을 낳을 수도 있다.

당신에겐 힘이 있다. 이 소중한 정보를 활용해 더욱 윤택하고 풍요로운 삶을 영위하라.

2. 자기 자신을 읽어라

나는 운 좋게 나 자신을 객관적으로 읽을 수 있었다. TV에 출연해 각종 사건의 심리적 의미에 대해 의견을 들려달라는 요청을 종종 받기 때문이다. 녹화된 테이프를 보면서 나는 내가 어떻게 말하는지를 객관적으로 분석한다. 나의 말뿐만 아니라 자세, 몸짓, 그리고 표정을 분석한다. 덕분에 상대방에게 신뢰감을 주면서 생각을 효율적으로 전달할 방법을 익힐 수 있었다. 마음에 안 드는 부분이 있으면 나의 행동에 따른 원인을 분석했다.

대부분 사람들은 불행히도 자신의 모습이 남에게 어떻게 비치는지를 파악할 기회가 거의 없다. 그래서 자신을 정확히 읽기 힘들다. 비디오카메라가 없다면 항상 자신이 무엇을 하는지 의식하도록 하라. 그리고 자기 자신과 상대방을 제삼자 위치에서 관찰하고 있다고 상상하라. 자신이 어떻게, 무엇을 말하는지 살펴보고, 표정과 몸의 움직임을 의식하라. 가장 중요한 것은 당신에 대한 다른 사람들의 반응이다. 가까이 앉는가? 몸을 뒤로 빼는가? 표정은 어떤 반응을 보이는가? 그들은 당신을 보고 있는가? 당신에게 반응을 보이는가? 무시하는가? 그들은 당신 곁에 있기를 좋아하고 당신의 말을 좋아하는가? 자신을 파악하는 것이야말로 자기 자신을 읽는 최선의 방법이다.

3. 통찰력을 길러라

이 책을 쓰게 된 동기는 좋은 정보를 함께 나누고 당신이 상대방의 진실을 파악하고 좋은 사람들을 만날 수 있도록 도와주고 싶었기 때문이다.

멈추고, 사람들을 보고, 듣는 데 시간을 투자한다면 통찰력을 개발해 사람을 정확하게 읽을 수 있다. 배우자든 신입사원이든 어떤 사람에 대해 중요한 결정을 내려야 할 때, 효율적이고 정확하게 정답을 구할 수 있을 것이다.

이제부터는 자연스럽게 사람들을 읽자. 사람들을 정확하게 판단할 수 있다면 당신은 행복하고, 건강하며, 좋은 사람으로 가득 찬 인생을 살아갈 것이다.

코드리딩

초판 1쇄 인쇄 2009년 8월 20일
초판 1쇄 발행 2009년 8월 25일
지은이 릴리안 글래스
옮긴이 이은희
펴낸이 한익수
펴낸곳 도서출판 큰나무
등록 1993년 11월 30일(제5-396호)
주소 410-360 경기도 고양시 일산동구 백석동 1455-4 1층
전화 (031) 903-1845(대표)
팩스 (031) 903-1854
이메일 btreepub@chol.com
홈페이지 www.bigtreepub.co.kr

값 11,000원
ISBN 978-89-7891-254-9 03320